Albert Griesmeier

Gemeinde Dettingen (-Wallhausen)

Bezirksamt Konstanz

Die Gemeinde im Spiegel von Ratsprotokollen, Bezirksamtsprotokollen, Verlautbarungen im Gemeindeanzeiger

1889 – 1945

Ein Beitrag zur Dorfgeschichte (II)

Hartung-Gorre Verlag
Konstanz-Dettingen

Bibliografische Information Der Deutschen Bibliothek
Die Deutsche Bibliothek verzeichnet diese Publikation in der Deutschen Nationalbibliografie; detaillierte bibliografische Daten sind im Internet über <http://dnb.dnb.de> abrufbar.

Umschlaggestaltung Marina Mollenhauer

1. Aufl. 2007, **2. unveränderte Auflage 2023**

HARTUNG-GORRE VERLAG
Konstanz-Dettingen

ISBN 3-86628-158-7 und 978-3-86628-158-5

Danksagung:

Besonderer Dank gilt...

... Marina Mollenhauer für die fachkundige digitale Bearbeitung des Manuskriptes und die Buchgestaltung

... den Leihgebern der Bildmaterialien

... Herrn Kuthe vom Stadtarchiv Konstanz und Herrn Girres vom Kreisarchiv Konstanz für die freundliche Unterstützung

... Hans Okle für die interessanten Hinweise aus dem Schatzkästchen seiner Erinnerungen

Inhaltsverzeichnis

Ein Beitrag zur Dorfgeschichte

Vorwort

Anschließend an das im Frühjahr 2006 erschienene Buch „Gemeinde Dettingen – Bezirksamt Konstanz: Die Gemeinde im Spiegel früher Gemeindeprotokolle 1833 – 1888“ soll das jetzt vorliegende Buch ein weiterer Beitrag zur Dorfgeschichte der Gemeinde Dettingen für den Zeitabschnitt 1889 bis 1945 sein.
Es ist ein bewegter Zeitabschnitt mit großen technischen und politischen Veränderungen, mit ihren positiven und negativen Auswirkungen bis hinein in die kleinsten Gemeinden.
Protokolle von Ratsgremien und Aufsichtsbehörden einer Gemeinde können ihr „Bild“ zwar nicht vollständig widerspiegeln; sie können aber trotzdem einen relativ guten Eindruck von der Entwicklung der Gemeinde und den Lebensumständen ihrer Bewohner vermitteln.

Die Grundlagen der vorliegenden Publikation sind die Protokolle der Sitzungen des Gemeinderates und des Bürgerausschusses der Gemeinde Dettingen, sowie die Protokolle über die Ergebnisse der Ortsbereisungen (Ortsprüfungen) der Gemeinde durch das jeweilige Bezirksamt als Aufsichtsbehörde und die – allerdings nur lückenhaft vorhandenen – Ausgaben des „Gemeindeanzeiger der Gemeinde Dettingen“.

In den Jahren zwischen 1900 und 1930 schaffte die Gemeinde trotz der allgemein oft sehr schwierigen Zeiten eine enorme Verbesserung ihrer Infrastruktur.
Ermöglicht wurde dies nicht zuletzt durch den im Vergleich mit anderen Gemeinden relativ großen Waldbesitz von 145 Hektar.
Für alle größeren Infrastrukturmaßnahmen beantragte die Gemeinde bei den zuständigen Aufsichtsbehörden die Genehmigung für einen außerordentlichen Holzhieb im Gemeindewald, der auch jeweils genehmigt wurde. Damit war dann jeweils ein bedeutender Teil der Kosten finanziert.

Mit Beginn der NS-Zeit im Jahre 1933 verloren die im Gemeinderat zu behandelnden Themen mehr und mehr an Bedeutung. Die kommunale

Selbstverwaltung wurde immer mehr durch Anweisungen von „oben“ stetig ausgehöhlt.
Ratssitzungen fanden in der Gemeinde nach Kriegsbeginn im Jahre 1939 kaum noch statt, obwohl der Gemeinderat faktisch bis zum Kriegsende im Amt war.
Die Ausgaben des „Gemeindeanzeiger“ – leider nur für die Jahre 1941 bis 1944 vollständig vorhanden – bieten ebenfalls interessante Einblicke in das damalige Gemeindegeschehen, das in diesem Zeitabschnitt natürlich sehr stark von dem herrschenden politischen System geprägt war.
Der Gemeindeanzeiger wurde in der Gemeinde zum wichtigsten Instrument zur Organisation des Gemeindelebens.

Konstanz-Dettingen im Sommer 2007

Albert Griesmeier

Ortsbürgerrecht: Erwerb und Nutzen

Bis weit in die zweite Hälfte des 19. Jahrhunderts hinein war der Erwerb des Ortsbürgerrechts von großem politischen und wirtschaftlichem Nutzen für die volljährigen (25 - jährigen) männlichen Einwohner einer Gemeinde.
Es brachte u.a. das Wahlrecht und die Wählbarkeit zu den Gemeindeämtern und vor allem auch die Teilnahme am Gemeindenutzen.
Mit der Gründung des Deutschen Reiches im Jahre 1871 als Bundesstaat wurde auch das Großherzogtum Baden Mitglied in diesem Bundesstaat.
In der Verfassung des Deutschen Reiches wurde in Artikel 3 festgelegt:
„...Alle Angehörigen eines deutschen Bundesstaates sind als Inländer zu betrachten und zum Genuße aller bürgerlichen Rechte unter denselben Voraussetzungen wie der Einheimischen zuzulassen. ...“

Damit waren alle Einwohner zwar staatsbürgerlich gleichgestellt, um aber in den Genuss des immer noch gegebenen Bürgernutzens zu kommen, war der Erwerb des Ortsbürgerrechtes erforderlich, über dessen Erteilung der Gemeinderat entschied.
Der Bürgernutzen bestand aus Waldnutzung in Form von Gabholz oder Holzgeld und der Feldnutzung von Acker,- Wiesen- und Gartenland.

Mit der zwar langsamen, aber doch stetigen Erhöhung der Einwohnerzahl der Gemeinde erhöhte sich auch die Zahl der Berechtigten am Bürgernutzen.
Um den festgelegten Nutzen für den Einzelnen nicht zu verkleinern, wurde vom Bezirksamt im Jahre 1877 die Höchstzahl der „Nutzbürger“ für die Gemeinde Dettingen auf 100 festgelegt. Damals gab es 103 Bürger / Bürgerwitwen als Nutzbürger in der Gemeinde.
Die „überzähligen“ jüngeren Bürger mit Ortsbürgerrecht waren „Wartbürger“, die in der Reihenfolge der Erteilung des Ortsbürgerrechts in frei werdende Nutzungen – im Normalfall durch den Tod eines Nutzbürgers oder dessen Witwe – als Nutzbürger nachrückten.

Im Jahre 1888 z.B. gab es 136 Bürger und 18 Bürgerwitwen.

Die Gebühren für die Aufnahme in das Ortsbürgerrecht waren gestaffelt und sehr unterschiedlich, wie die nachfolgenden Beispiele zeigen.
Die Erteilung des Bürgerrechts für Bürgersöhne bei Erreichung der Volljährigkeit war jetzt praktisch gegen eine geringe Gebühr nur noch eine Formsache.

Zum Nutzen des Ortsbürgerrechts sei aus dem Protokoll der Ortsbereisung vom 27. Oktober 1921 zitiert:
„Um den Bürgernutzen streiten sich die Anwärter lebhaft, was nicht zu verwundern ist, da sie durchschnittlich 12 Jahre warten müssen, um dann freilich die hohen Werte von 4 Ster Holz, 18 ar Wiesen, 8 ar Ackerland und 8 ar Gartenland zu erhalten."

Die Frage einer Ablösung aller Nutzbürgerrechte war schon im 19. Jahrhundert in der Diskussion.
Die Allmendnutzung war bereits 1874 für die damaligen 7 badischen Stadtgemeinden außer Kraft gesetzt worden. Die badische Gemeindeordnung von 1921 schuf erweiterte Möglichkeiten zur Aufhebung des Bürgernutzens in größeren Städten und wurde 1935 auf alle Städte erstreckt.
Maßgebliche Regelungen im Sinne einer allgemeinen Beseitigung des Bürgernutzens brachte ein Gesetz im Jahre 1966. Neuzulassungen fanden danach nicht mehr statt; die frei werdenden Bürgerlose fielen den Gemeinden zu.

~

„Geschehen Dettingen, den 11ten November 1888

In Gegenwart
des Bürgermeisters Okle
Gemeinderath Meßmer Ferdinand   Vogel August
Maurer Bernhard   Späth Baptist jg.   Hornstein Jgnaz alt

Berathungsgegenstand

Das Gesuch des Karl Braunbarth um Zulassung ins Bürgerrecht betr.

Beschluß

Da derselbe alle Eigenschaften zur Zulassung ins Bürgerrecht aufzuweisen hat, so wird derselbe zugelassen gegen Entrichtung des Betrages mit
an die Gemeindekasse 6 Mark
an den Armenfond 3 M 43

Heckler Ratschreiber"

~

„Geschehen Dettingen, den 15ten April 1894

Vor dem unterzeichneten Gemeinderat

Berathungsgegenstand
Das Gesuch des Josef Kuppel von Böhringen um den Einkauf in das Bürgerrecht und Bürgergenuß betr.

Beschluß
Da Josef Kuppel eine Bürgerstochter geheiratet hat und alle Eigenschaften zum Einkauf in das hiesige Bürgerrecht und Genuß nachgewiesen hat, so wird derselbe zugelassen mit folgenden Verpflichtungen,
es sind nach der neu aufgestellten Bürgereinkaufs Bestimmung vom 19ten Dezember 1889 zu bezahlen

Einkauf ins Bürgerrecht sogleich	33M. 02Pf.
Einkauf in Genuß sogleich	72M. 15Pf.
An Armenfond Dettingen	34M. 30Pf.
Ferner beim Einrücken in den Genuß	48M. 10Pf.
Summe	187M. 57Pf.

Der Gemeinderath Okle Bürgermeister
Bernhard Maurer Jgnaz Hornstein alt August Vogel
Johann Urnau Adam Hamm
Heckler Rathschreiber"

Anmerkung:
Die danach folgenden 51 Einbürgerungsanträge bis ins Spätjahr 1908 wurden mit einer Ausnahme alle von Bürgersöhnen gestellt und mit der Gebühr von 6 Mark für die Gemeindekasse und 3 Mark 43 Pf. für den Armenfond zugestimmt.
Der Ausnahmefall bezog sich wie im vorstehenden Fall auf den Antrag eines Auswärtigen, der eine Bürgerstochter heiratete.

~

„Geschehen Dettingen, den 14. November 1908
In Gegenwart des Gemeinderats

Beratungsgegenstand

Gesuch des Paul Beirer Fischer um Einkauf in das hiesige Bürgerrecht

Beschluß

Dem Gesuch des Paul Beirer wird entsprochen und es hat derselbe, wenn er eine Bürgerstochter oder Bürgerswittwe heiratet an die Gemeindekasse Dettingen 102 M., an Armenfond Dettingen 34 M. zu zahlen.
Sollte Paul Beirer eine fremde Person heiraten, so hat er das Bürgerrecht für die Frau besonders zu bezahlen.

Der Gemeinderat Heckler Bürgermeister

Josef Fuchs Baptist Späth Adam Hamm Valentin Straub Julius Schroff Bernhard Maurer"

Anmerkung:
Paul Beirer heiratete im Jahre 1909 die Bürgerstochter Stephanie Kaibach, die von 1908 bis zu ihrem Tode im Jahre 1943 im Dorf als sehr geschätzte Hebamme wirkte.

~

„Geschehen Dettingen, den 6. Januar 1917
Vor dem Gemeinderat

Beratungsgegenstand
Gesuch des Martin Messmer, Fischer um Einkauf in das hiesige Bürgerrecht betr.

Beschluß
Da Martin Messmer ein Sohn eines früheren Bürgers war und bei seiner ersten Verheiratung sich mit einer Bürgerstochter verheiratet hatte, bei seiner zweiten Ehe wieder eine Bürgerstochter ehelichte, welche aber ihr angeborenes Bürgerrecht durch Verheiratung ihrer Mutter mit einem Nichtbürger verloren, so läßt der Gemeinderat den Einkauf zu, so wie wenn er eine Bürgerstochter geheiratet hätte und es hat derselbe sofort zu bezahlen
sofort 94 M. 22 Pf.
beim Einrücken in den Genuß 34 M. 28 Pf.

Der Gemeinderat Heckler Bürgermeister
Josef Fuchs Valentin Straub Julius Schroff J. Baptist Okle Gebhard Dullenkopf J. Baptist Späth
Vogel Ratschreiber"

Anmerkung:
Wie genau man es mit der Einbürgerung immer noch genommen hat, zeigt der vorstehende und der nachfolgende Fall.

~

„Geschehen Dettingen, den 9. März 1918
Vor dem Gemeinderat

Beratungsgegenstand
Das Gesuch des Wilhelm Hermann um Einkauf ins Bürgerrecht

Beschluß
Der Gesuchsteller hat keine Bürgerstochter geheiratet und hat daher zu bezahlen

An die Gemeindekasse	**66 M. 05 Pf.**
Für die Ehefrau	**33 M. 02 Pf.**
Einkauf in den Bürgergenuß	**102 M.**
An den Armenfond	**34 M. 28 Pf.**

Da der Gesuchsteller Kriegsteilnehmer ist, so werden ihm von der Gemeinde 30 M. nachgelassen.

Der Gemeinderat: Heckler Bürgermeister
Josef Fuchs J. Baptist Späth Valentin Straub
Julius Schroff J. Baptist Okle"

~

„Geschehen Dettingen, den 20. Mai 1918
Vor dem Gemeinderat

Beratungsgegenstand
Gesuch des Urban Okle um Einweisung ins Bürgerrecht

Beschluß
Da der Gesuchsteller alle Eigenschaften als Aktivbürger nachgewiesen hat, so wird seinem Gesuch entsprochen gegen Entrichtung der gesetzlichen Taxe an
Die Gemeindekasse 6 Mark
An die Armenfondkasse 3 Mark 43 Pf.

Der Gemeinderat: Heckler Bürgermeister
J. Baptist Späth Josef Fuchs Valentin Straub
Julius Schroff J. Baptist Okle
A. Vogel Ratschreiber"

Anmerkungen:
Bei Bürgersöhnen war es halt einfacher.

In der Zeit von 1889 bis 1929 wurden insgesamt 172 Anträge auf Erteilung des Bürgerrechts mit Bürgernutzen gestellt; alle Anträge wurden vom Gemeinderat befürwortet.
In den Jahren 1930 bis 1932 wurden – vermutlich aus finanziellen Gründen - überhaupt keine Anträge gestellt; zwei dann noch in 1933.

Bis zum Ende des 2.Weltkrieges gab es zwar keine Neuaufnahmen; der Bürgernutzen verblieb aber weiterhin bei den Inhabern und wurde wie bisher in der entsprechenden Reihenfolge an die „Wartbürger" vergeben. Erst mit der Eingemeindung der Gemeinde Dettingen in die Stadt Konstanz im Jahre 1975 wurde das Einrücken in den Bürgernutzen aufgehoben. Die zu diesem Zeitpunkt aktuellen Nutzer erhielten den Bürgernutzen – zu diesem Zeitpunkt noch 4 Ster Gabholz – bis zu ihrem bzw. deren Witwen Tod.
Die letzte Inhaberin dieses Nutzens war die im Jahre 2003 im Alter von 101 Jahren verstorbene Bürgerwitwe Frieda Bossart.

~

Erwerb des Lebensunterhalts

Selbstverständlich darf man davon ausgehen, dass die Bewohner eines kleinbäuerlichen Dorfes vorwiegend vom Ertrag einer kleinen Landwirtschaft ihren Lebensunterhalt bestritten.

Die Protokolle der seit der Mitte des 19. Jahrhunderts regelmäßig abgehaltenen Ortsbereisungen – Ortsprüfungen – der Gemeinden durch die übergeordneten Bezirksämter enthalten dazu oft auch noch detaillierte Informationen.

Neben den in den nachfolgenden Auszügen aus Ortsbereisungsprotokollen erwähnten Verdienstmöglichkeiten hatte auch die Gemeindeverwaltung eine Reihe von Stellen an Ortsbürger zu vergeben. Diese Stellen waren allerdings ausnahmslos gering bezahlte Nebenerwerbsstellen; auch die des Bürgermeisters.

Für die Ortsbereisungen hatte die Gemeindeverwaltung jeweils ein Verzeichnis der Gemeindebeamten- und Bediensteten zu erstellen.
Sehr ausführlich geschah dies z.B. für die Ortsbereisung im Jahre 1899, wie das nachstehende Dokument veranschaulicht.

Döttingen den 26 August 1899

Verzeichniss
der Gemeindebeamten u. Bediensteten
mit Gehaltsangabe.

		Gehalt
1	Bürgermeister Konstantin Kessler	400 M.
2	Gemeinderath Leopold Maurer	11 "
3	Baptist Schäff II Gemeinderath	10 "
4	Gemeinderath Georg Hörstein	10 "
5	" Johann Maier	10 "
6	" Adam Ehmann	10 "
7	" Johann Schäff	10 "
8	Rathschreiber August Vogel	100 "
9	Gemeinderechner Joh. Maurer	220 "
10	Armen- u. Spitalrechner Engelbert Schäff Abwes.	75 M.
11	Armenfondrechner Jos. Hörstein.	30 "

Gemeindebediensteten.

1	Polizeidiener Baptist Aschhahl	162 M.
2	Gemeindewaldhüter Max Leopold 1 u. 2 bekommen alle zwei Jahr Dienstkleider.	300 "
3.	Feldhüter Baptist Weindel	120 M.
4	Leichenschauer u. Todtengräber u. Fleischinspektor Baptist [illegible] bezieht nur die gesetzlichen Gebühren.	

Da die alte Handschrift vermutlich nicht mehr für alle Leser lesbar sein wird, nachstehend die „Übersetzung“:

„ Dettingen den 26ten August 1899

Verzeichnis
der Gemeindebeamten u. Bediensteten
mit Gehaltsangabe

		Gehalt
1	Bürgermeister Konstantin Heckler	400 M
2	Gemeinderath Bernhard Maurer	10 M
3	Baptist Späth II Gemeinderath	10 M
4	Gemeinderath Jgnaz Hornstein	10 M
5	„ Johann Urnau	10 M
6	„ Adam Hamm	10 M
7	„ Johann Schroff	10 M
8	Ratschreiber August Vogel	100 M
9	Gemeinderechner Joh. Urnau	220 M
10	Kranken u. Invaliditätsrechner Engelbert Schroff Acisor (= Steuereinnehmer)	75 M
11	Armenfondsrechner Jg. Hornstein	30 M

Gemeindebedienstete

1	Polizeidiener Baptist Aßfahl	162 M
2	Gemeindewaldhüter Max Boßart	300 M
	1 und 2 bekommen alle zwei Jahr Dienstkleider	
3	Feldhüter Baptist Waidele	120 M
4	Leichenschauer u. Todtengräber u. Desinfektor Baptist Dullenkopf bezieht nur die gesetzliche Gebühr	

III.

		Gehalt
5	Hebame Annastasia Aßfahl	40 M

6'	**Krankenschwester Karolina Kaier**	**160 M**
6''	**Industrielehrerin Stefanie Reithebuch**	**45 M**
7	**Fleischbeschauer August Vogel**	**10 M**
	„ Stellvertreter Nikolaus Okle	**---**
8	**Steinsetzer** (Kontrollieren und Setzen von Grenzsteinen)	
	1 Baptist Späth Wirth Steinsetzer	**---**
	2 Johann Roth Landw. „	**---**
	3 Michael Gasser „ „	**---**
	4 Martin Riehle „ „	**---**
10	**Brunnenmeister Baptist Aßfahl**	**85 M**

Der Gemeinderath

Heckler Bürgermeister."

~

Protokollauszug: Ortsbereisung am 31. August 1889

„In den allgemeinen Verhältnissen der Gemeinde, wie sie im Tagebuch vom 2. Oktober 1886 vorgestellt sind, ist während der letzten 3 Jahre keine erhebliche Änderung eingetreten. Landwirtschaft, Torfwirtschaft und Taglohnarbeit bilden nach wie vor die Haupterwerbszweige der Einwohner, deren Zahl, abgesehen von unerheblichen Verschiebungen, sich in den letzten Jahren nahezu gleich geblieben ist.
(Letzte Volkszählung: 522 Seelen)"

~

Protokollauszug: Ortsbereisung am 17. Dezember 1894

„Die allgemeinen Verhältnisse der Gemeinde sind im Wesentlichen die gleichen, wie sie in den voraufgegangenen Tagebüchern ihre Darstellung gefunden haben.
Viehzucht, sowie Torfwirtschaft und Taglohnarbeit, stellen neben Frucht- und Rebbau immer noch die Hauptverdienstzweige Dettingens dar.
25 Waldarbeiter ungefähr finden während etwa 3 Monate im Domänenwald, 20 Arbeiter für etwa 6 Wochen im Winter im Gemeindewald und 4-5 in diesem, jeweils im Sommer hindurch, Beschäftigung."

~

Protokollauszug: Ortsbereisung am 21. August 1901

„Neben der Landwirtschaft bildet für die Bewohner von Wallhausen die Fischerei noch ein Erwerbszweig.
Außerdem Vertreter der verschiedenen Handwerkszweige:
1 Schmied, 1Wagner, 2 Zimmerleute, 4 Maurer, 1 Bäcker, 1 Küfer, 1Korbflechter, 1 Gabelmacher, 1Mühle (Anmerkung: Dobelmühle**).**

Die von 14 Mädchen aufgenommene Hausindustrie – Seidenweberei ging wegen des geringen Verdienstes wieder ein. Drei Mädchen, welche in der Seidenweberei Wollmatingen mit einem Taglohn von 2 Mark beschäftigt waren, gaben diesen Erwerb wieder auf. Entscheidend war für sie die Tatsache, daß der durch den Marsch, besonders bei schlechtem Wetter, geforderte Kraftaufwand zu groß war. Sie kamen morgens schon müde zur Arbeit und kamen abends totmüde nach Hause. Sie sind jetzt in Stellung als häusliche Dienstboten.

In Konstanz ist zur Zeit niemand beschäftigt, weil daselbst, wie der Gemeinderat sich ausdrückte, kein Geschäft gehe.
Die überschüssigen Arbeitskräfte finden in diesem Jahre Verwendung beim Bau der Wasserleitung für den Ort.
Die einzige Taglohnarbeit während des Ruhens der landwirtschaftlichen Tätigkeit ist das Fällen und Aufbereiten von Holz im Gemeindewald und die Gewinnung von Torf."

~

Protokollauszug: Ortsbereisung am 5. Dezember 1912

„Die Erwerbsverhältnisse in der Gemeinde sind ebenso wie die wirtschaftlichen in der Hauptsache die gleichen wie früher. Doch wächst von Jahr zu Jahr die Zahl derer, die in den Fabriken der benachbarten Industrieorte Beschäftigung und Verdienst suchen, namentlich seitdem die großen Entfernungen zu diesen Orten infolge ausgedehnteren Gebrauchs des Fahrrads leichter überwunden werden.
Während vor 10 Jahren auswärts nur einige Mädchen in der Wollmatinger Seidenweberei beschäftigt waren, die männlichen Arbeitskräfte aber, abgesehen von wenigen das Maurerhandwerk ausübenden Gesellen, fast ausschließlich in der Gemeinde und bei den Wald – und Wegearbeiten der Domäne Verdienst suchten, gehen jetzt 30 – 40 Personen nach Wollmatingen, Konstanz, Radolfzell und Singen in die Fabriken. Etwa weitere 20 haben im vergangenen Sommer beim Bau der neuen Irrenanstalt Reichenau als Maurer und Erdarbeiter Beschäftigung gefunden.
Dieser auswärtige Verdienst ermöglicht es manchen Familien, ihre Existenz zu behaupten, die ohne ihn sonst gefährdet wäre. Er ist doppelt willkommen, weil die Domäne, die früher durch Wald – und Wegearbeiten eine Anzahl von Personen das ganze Jahr hindurch regelmäßig Beschäftigung gab, jetzt nicht mehr so viele

Arbeitskräfte beansprucht. Denn die größeren Weganlagen sind dort beendet und die Waldarbeit ist, da die Bäume nicht mehr ausgestockt werden, ebenfalls geringer geworden.
Auch durch die Verwendung landwirtschaftlicher Maschinen sind manche Arbeitskräfte frei geworden, die jetzt außerhalb der Gemeinde ihren Verdienst suchen müssen.
Die gewerbliche Tätigkeit in der Gemeinde selbst ist sehr gering und nimmt immer mehr ab. Nicht einmal ein Schuhmacher ist jetzt mehr im Ort, sondern der von Litzelstetten kommt wöchentlich herüber. Auch eine Metzgerei gibt es nicht; ein Metzger von Allmannsdorf hat regelmäßig wöchentliche Verkaufstage eingerichtet."

~

Protokollauszug: Ortsbereisung am 11. September 1930

„**Was die allgemeine wirtschaftliche Lage der Ortseinwohnerschaft betrifft, so ist sie wie bei allen Gemeinden auf dem Bodanrück, eine ziemlich gedrückte.**
Bemerkenswert ist, dass Dettingen besonders viele Bauhandwerker aufzuweisen hat, die in Konstanz ihrer Arbeit nachgehen, und hierbei macht sich nun das fast völlige Darniederliegen des Baugewerbes schwer bemerkbar. Allgemein wird geklagt, daß kein Verdienst mehr vorhanden sei, und daß infolge dessen auch die Verschuldung zunehme."

Anmerkung:
Es war dies die letzte Ortsbereisung im Berichtszeitraum; in der Zeit des Nationalsozialismus fanden keine Ortsbereisungen statt. Weitere Hinweise zum Thema „Erwerb des Lebensunterhalts" finden sich im Abschnitt „Wirtschaftskrise, Nationalsozialismus, 2. Weltkrieg".

Medizinische Versorgung

Die Gemeinde Dettingen war zu klein für die Ansiedlung eines Arztes. So war man auf die ärztliche Versorgung von außerhalb angewiesen. Da dauerte es bei den damaligen Möglichkeiten der Nachrichtenübermittlung und der Verkehrsmittel sehr lange, bis z. B. in einem Notfall der Arzt beim Patienten sein konnte.
Die Installation eines Telefons in Dettingen im Jahre 1899 – bedient vom Hauptlehrer – und in Wallhausen im Jahre 1912 – bedient vom Schiffswirt – verkürzte dann wenigstens die Benachrichtigungszeit des Arztes.

Protokollauszug: Ortsbereisung am 12. Dezember 1894

„Gesundheitswesen
In Krankheitsfällen wird ärztliche Hilfe in Überlingen, Reichenau und Konstanz geholt; Heilmittel liefern die Apotheken in Überlingen und Konstanz; auch führt der Reichenauer Arzt eine Hausapotheke.“

~

Protokollauszug: Ortsbereisung am 20. Oktober 1896

„Der Gemeinderat wünscht eine Telephonverbindung mit Konstanz, insbesondere aus dem Grund, im Bedürfnisfall rasch einen Arzt rufen zu können.“

~

Protokollauszug: Ortsbereisung am 20. August 1899

„Die Krankenpflegerin Karolina Kaier, welche ein jährliches Aversum von 160 M., und zwar 80 M. von Ihrer Königlichen Hoheit der Großherzogin, je 40 M. vom Kreis und der Gemeinde bezieht, wird als recht fleißig und geschickt bezeichnet.“

~

Protokollauszug: Ortsbereisung am 21. August 1901

„Assistenzarzt Dr. Mogg in Radolfzell hat sich gegen ein jährliches Aversum von 200 Mark verpflichtet, die Ortsarmen unentgeltlich zu behandeln und wöchentlich ein Mal die Gemeinde zu besuchen. Gewährung der ärztlichen Hilfe an diesen Tagen erfolgt zu einem mäßigen Gebührensatz, während der Besuch zu einem anderen Tag auf 12 Mark zu stehen kommt.“

Anmerkung:
12 Mark waren immerhin 6 Tageslöhne der Mädchen in der Seidenweberei Wollmatingen!

~

Protokollauszug: Ortsbereisung am 4. November 1904

„ Nach längeren Verhandlungen zwischen dem Grhzgl. Assistenzarzt Dr. Mogg in Radolfzell und dem prakt. Arzt Dr. Flesch in Reichenau wurde Dr. Flesch zum Gemeindearzt für die Gemeinde Dettingen bestellt, was der Gemeinde durch einen vom Grhz. Ministerium gewährten Zuschuß von 2oo Mark jährlich ermöglicht wurde.

Man ist mit dieser Regelung in der Gemeinde immer noch nicht ganz zufrieden, denn es ist die sofortige Zuziehung eines Arztes von Reichenau je nach Witterung mit großen Schwierigkeiten verbunden, oftmals unmöglich, andernseits kann als eigentlicher Arzt der Einwohner von Wallhausen z.B. ohne weiteres der junge Dr. Bommer von Überlingen gelten. Aber auch sein Herbeiholen dürfte nicht immer ganz einfach sein.
Ähnlich liegen die Verhältnisse bezüglich der Frequenz von Apotheken. Am bevorzugtesten sind die Apotheke in Überlingen und die Mohrenapotheke in Konstanz.
Im Allgemeinen sind die gesundheitlichen Zustände der Gemeinde recht erfreulich und man erhofft für die Zukunft hierfür einen wohltätigen Einfluß durch die Wasserleitung, welche seit 2 Jahren fertiggestellt ist."

~

Protokollauszug: Ortsbereisung am 5. Dezember 1912

„Die Sterblichkeitsziffer mit 22% übersteigt den allgemeinen Landes – und Bezirksdurchschnitt. Besonders auffallend ist die große Säuglingssterblichkeit in den letzten Jahren. So starben von 19 Geborenen im Jahr 1910 acht Kinder, von 21 Geborenen im Jahre 1911 7 Kinder im ersten Lebensjahr.
Die Pflege – und Ernährungsverhältnisse der Neugeborenen lassen anscheinend manches zu wünschen übrig. Die wenigsten Mütter wollen selbst stillen, da sie dadurch von der Arbeit abgehalten würden. Es wäre eine dankenswerte Aufgabe für den in Dettingen vorhandenen Frauenverein und Tuberkuloseausschuß auf diesem wichtigen Gebiet aufklärend und belehrend zu wirken.
Gemeindearzt und Arzt der Bezirkskrankenkasse Radolfzell ist noch Dr. Flesch von der Reichenau, der für seine regelmäßigen wöchentlichen Besuche in der Gemeinde einen Betrag von 200 Mark durch die Gemeinde und ein Zuschuß in gleicher Höhe durch

den Staat erhält. Außerdem wird auch die ärztliche Hilfe des Dr. Lutz in Wollmatingen in Anspruch genommen. Nach Wallhausen kommt ferner häufig Dr. Bommer von Überlingen, so dass nunmehr im Gegensatz zu früher für ärztliche Hilfe ausreichend gesorgt ist. Auch die Landkrankenpflegerin Frau Karolina Schnopp wird stark in Anspruch genommen. Sie hat im laufenden Jahr schon 102 Kranke zu pflegen gehabt und über 800 Besuche gemacht."

Anmerkung:
Bedingt durch den 1.Weltkrieg fand die nächste Ortsbereisung erst wieder im Jahre 1921 statt. Das Thema „Gesundheit" ist in dem dazu verfassten Protokoll nicht angesprochen. Man kann wohl davon ausgehen, dass sich die ärztliche Versorgung in der Zwischenzeit nicht wesentlich verändert hat, zumal der Gemeinderat am 24.12.1916 und am 4.1.1920 den Vertrag mit Dr. Flesch jeweils verlängerte.
In den Protokollen der nächsten und letzten Ortsbereisungen 1926 und 1930 und in den Gemeinderatsprotokollen ab 1920 war die medizinische Versorgung ebenfalls kein Thema mehr.
Man darf annehmen, dass die Versorgung dem damaligen Stand entsprechend zufriedenstellend war.

~

Ortskirche und Dorfschule

Aus der historischen Entwicklung heraus gab es in den (katholischen) Dorfgemeinden starke Beziehungen zwischen Ortskirche, Dorfschule und der Gemeinde als Schulträger.
So ist auch verständlich, dass Kirche und Schule sowohl in den Gemeinderatsprotokollen wie auch in den Protokollen über die Ortsbereisungen oft Erwähnung finden.

Die Probleme des Schulhausneubaues und der Erweiterung der Pfarrkirche sind wegen ihrer „Komplexität" in getrennten Kapiteln behandelt.

~

„Geschehen Dettingen den 18ten Februar 1889
Vor dem Gemeinderath

Berathungsgegenstand
Den Schuldienst dahier betr.

Beschluß
Auf den Bericht des Grhz. Bezirksamtes Konstanz vom 11ten d.M. wurde in obigem Betreff folgendes beschlossen:
Die Unterlehrerstelle an der hiesigen Schule soll auf 22ten April d.J. errichtet werden.
Die hierzu nötigen Bedürfnisse werden bis dahin angeschafft bzw. hergestellt werden.

Der Gemeinderath: Bürgermeister Okle
Ferdinand Meßmer August Vogel Baptist Späth jg.
Jgnaz Hornstein alt Bernhard Maurer Martin Reithebuch
Heckler Rathschreiber"

~

„Geschehen Dettingen den 22ten Dezember 1889
Vor dem Gemeinderath

Berathungsgegenstand
Die Unterrichtsstunden Erweiterung in hiesiger Volksschule betr.

Beschluß
Es soll dem Hauptlehrer Harter für Unterrichtsstunden-Erweiterung in Ermanglung eines Unterlehrers vom 5ten November 1889 bis 21ten Dezember d.J. der Betrag mit 30M 98Pf. ausbezahlt werden.

Der Gemeinderath: Bürgermeister Okle
Jgnaz Hornstein alt Baptist Späth jg. Bernhard Maurer
Johann Urnau

Heckler Rathschreiber"

~

„Geschehen Dettingen den 28ten April 1892
Vor dem Gemeinderath

Berathungsgegenstand
Die Feier des Regierungsjubiläums Seiner Königlichen Hoheit unseres Großherzogs betr.

Beschluß
Zur Erinnerung der Regierungsfeier unseres Großherzogs solle der Schuljugend jedem ein Wecken mit 10 Pf. und jedem eine Wurst mit 12 Pf., ferner der freiwilligen Feuerwehr zu einem Festtrunk 10 Mark aus der Gemeindekasse zu bezahlen und soll dieses Geschenk am Sonntag den 1ten Mai d.J. ausgeteilt werden.

Der Gemeinderath: Bürgermeister Okle
Johann Urnau Bernhard Maurer Jgnaz Hornstein alt
August Vogel Baptist Späth jg. Ferdinand Meßmer
Heckler Rathschreiber"

Anmerkung:
Großherzog Friedrich I. (1826 – 1907) feierte sein 40- jähriges Regierungsjubiläum.

~

„Geschehen Dettingen den 29ten Dezember 1895
Vor dem Gemeinderath

Berathungsgegenstand
Der Sängerdienst und Choraufsichtsdienst betr.

Beschluß
Für den Kirchgesang an Kaiser`s und Großherzogtag werden dem hiesigen Kirchenchor die Summe von 15 Mark wieder ausgesetzt und durch die Gemeindekasse ausbezahlt und dem Choraufseher für Begleitung der Prozession die Summe von 10 Mark aus der gleichen Kasse ausbezahlt.

Der Gemeinderath: Heckler Bürgermeister
Johann Urnau Bernhard Maurer Adam Hamm
Jgnaz Hornstein alt Johann Schroff
Rathschreiber Vogel"

~

„Geschehen Dettingen den 5ten Januar 1896
Vor dem Gemeinderath

Berathungsgegenstand
Die Abhaltung einer Schulfeier zur Gedächtnisfeier der Wiedererrichtung des Deutschen Reiches

Beschluß
Zur genannten Feier soll zur Beschenkung der Schuljugend aus der Gemeindekasse der Betrag von 30 Mark bezahlt werden.

Der Gemeinderath: Heckler Bürgermeister
Baptist Späth jg. Adam Hamm Jgnaz Hornstein alt
Bernhard Maurer Johann Urnau Johann Schroff
Rathschreiber Vogel"

~

„Geschehen Dettingen den 2ten Januar 1898
Vor dem Gemeinderath
sowie dem Stiftungsvorstand Herrn Pfarrer Ochs

Berathungsgegenstand
Die Vergebung und Herstellung einer Kirchturmuhr für Dettingen von Herrn Keller Uhrmacher betr.

Beschluß
Es soll eine neue Kirchenuhr durch Herrn Uhrmacher Keller in Radolfzell angeschafft werden um den Preis
Nr. 2C für 680 M.
2 vergoldete Zeiger 50 M.
1 Zifferblatt mit vergoldeten Ziffern 65 M.

Wenn die Uhr den gemachten Anforderungen entspricht, soll die Uhr 4 Wochen nach Befund bar bezahlt werden.

Der Gemeinderath: Heckler Bürgermeister A. Ochs Pfr.
Jgnaz Hornstein alt Baptist Späth jg. Johann Schroff
Bernhard Maurer Johann Urnau Adam Hamm"

~

„Geschehen Dettingen den 12ten März 1898
Vor dem Gemeinderath

Berathungsgegenstand
Die Bestreitung der Ausgaben für die neue Kirchenuhr betreff.

Beschluß
Zur Deckung von 500 M. zur neuen Kirchenuhr soll, falls das Domäneamt den Betrag an der Umlagenforderung nicht vorschießt, bei der Sparkasse Konstanz von den eingelegten Geldern erhoben werden.

Der Gemeinderath Heckler Bürgermeister
Bernhard Maurer Jgnaz Hornstein I. Johann Schroff
Johann Urnau Baptist Späth jg. Adam Hamm
Rathschreiber Vogel"

Anmerkung:
5oo Mark sollen also durch eine Umlage, d.h. durch eine dafür zu erhebende Gemeindesteuer von den Besitzenden in der Gemeinde erhoben werden. Da das Großherzogliche Domäneamt erheblichen Grundbesitz und drei Höfe auf der Gemarkung bewirtschaftete, hatte es jeweils auch einen erheblichen Teil der Gemeindumlagen zu bezahlen.

~

„Geschehen Dettingen den 11ten Februar 1900
Vor dem Gemeinderath

Berathungsgegenstand
Die Gehaltserhöhung des Kirchenmeßmers für Elf Uhr läuten betreffend

Beschluß
Es wird dem Kirchenmeßmer Johann Deggelmann für Elf Uhr läuten ein Gehalt von 110 Mark jährlich aus der Gemeindekasse zuerkannt.

Der Gemeinderath: Heckler Bürgermeister
Adam Hamm Johann Urnau Bernhard Maurer Baptist Späth II.
Jgnaz Hornstein I.
Rathschreiber Vogel"

Anmerkung:
Das 11 Uhr Läuten war sehr wichtig für die draußen auf dem Felde arbeitenden Leute, die zum Großteil ja keine Taschen- oder gar Armbanduhr besaßen.

~

„Geschehen Dettingen den 15ten September 1901
Vor dem Gemeinderath

Berathungsgegenstand
Die Ergänzung der Schulbibliothek betreff.

Beschluß
Es sollen die Hefte, enthaltend „Das Leben S.K.H. des Großherzogs von Baden" bestehend in 60 Stück wie folgt vergeben werden

20 Stück für die Schülerbibliothek und
40 Stück an die Werktagsschüler 6., 7. und achtes Schuljahr und an die Fortbildungsschüler.

Der Gemeinderath Heckler Bürgermeister
Adam Hamm Baptist Späth Valentin Straub Bernhard Maurer
Johann Schroff
Rathschreiber Vogel"

~

„Geschehen Dettingen den 29ten Dezember 1901
Vor dem Gemeinderath

Berathungsgegenstand
Die Aufbesserung des Organistendienstes betreff.

Beschluß
Falls der § 38 des Schulgesetzes fällt, so wird dem derzeitigen Organisten Hauptlehrer Böhler in Anbetracht seiner langen Dienstjahre und guter Führung, besonders die Leistung in Gesang mit der Schuljugend und dem Kirchenchor vom 1ten Januar 1902 ab eine Aufbesserung am Organistengehalt mit 50 Mark widerruflich bewilligt.

Der Gemeinderath Heckler Bürgermeister
Josef Fuchs Valentin Straub Baptist Späth Bernhard Maurer
Johann Schroff Adam Hamm
Rathschreiber A. Vogel"

~

„Geschehen Dettingen den 22ten Februar 1903
Vor dem Gemeinderath

Berathungsgegenstand
Die Papstfeier betreff.

Beschluß
Bei der am 1ten Mai dieses Jahres stattfindenden Papstfeier soll zur Verschönerung des Festes geschossen und die Munition von der Gemeinde beschafft werden.

Der Gemeinderath Heckler Bürgermeister
Bernhard Maurer Baptist Späth Adam Hamm Valentin Straub
Johann Schroff Josef Fuchs
A.Vogel Rathschreiber"

Anmerkung:
Die Papstfeier wurde zu Ehren des 25–jährigen Papstjubiläums von Papst Leo XIII. veranstaltet.

~

„Geschehen Dettingen den 29ten März 1903
Vor dem Gemeinderath

Berathungsgegenstand
Die Anschaffung von 100 Stück Anhang zum Magnifikat betreff.

Beschluß
Es sollen für die Schüler einschließlich der 4. Klasse den angegebenen Anhang zum Magnifikat von der Gemeinde angeschafft und an die Schüler unentgeldlich abgegeben werden.

Der Gemeinderath Heckler Bürgermeister

Adam Hamm Baptist Späth Bernhard Maurer Johann Schroff Josef Fuchs Valentin Straub

Vogel Rathschreiber"

~

Protokollauszug: Ortsbereisung durch das Großherzogliche Bezirksamt Konstanz am 4. Nov. 1904

„Mit dem Pfarrer Ochs, der den Beamten mit besonderer Liebenswürdigkeit entgegenkam und sich sofort auf dem Rathaus vorstellte, ist man in der Gemeinde recht zufrieden, besonders da er jetzt weniger streng sein soll wie früher, wo seine Pfarrkinder es wiederholt vorgezogen haben, ihrer Beichtpflicht in dem benachbarten Überlingen zu genügen.
Der Ortspfarrer ist mit seiner Gemeinde ebenfalls zufrieden und hat nur eine Klage, welche weiter unten unter Polizeiwesen erörtert wird."

Anmerkung:
Dort ist erörtert: **„...Wenn auch hie und da, besonders bei den obligatorischen Tanzvergnügen der Alkohol folgegemäß seine hässliche Wirkung zeigt."**

Zur Dorfschule ist unter gleichem Datum protokolliert:
„Hauptlehrer Josef Böhler wurde im Sommer lf.J. nach 12 jährigem Schuldienst in Dettingen in den Ruhestand versetzt. Hauptlehrer Böhler hat der Gemeinde auch einen finanziellen Dienst geleistet, als er die Besorgung des Telefondienstes für jährlich 40 M. übernahm und den Organistendienst für 100 M. ausübte. Für das letztere Amt wird die Gemeinde künftig 250 M. auszusetzen haben."

~

„Geschehen Dettingen den 20. Dezember 1905
Vor dem Gemeinderat

Beratungsgegenstand
Die Weihnachtsbescherung der Volksschüler betreff.

Beschluß
Die Weihnachtsbescherung der Volksschüler soll in folgender Ordnung stattfinden

I.Klasse	Schülerzahl	24	Betrag	30 Pf.	7 M. 20
II.	„ „	32	„	35 Pf.	11 M. 20
III.	„ „	41	„	40 Pf.	16 M. 40
IV.	„ „	31	„	50 Pf	15 M. 50

Heckler Bürgermeister

Bernhard Maurer Johann Schroff Valentin Straub Josef Fuchs Adam Hamm

A.Vogel Ratschreiber"

Anmerkung: Eine Klassenstufe umfasst zwei Geburtsjahrgänge

~

„Geschehen Dettingen den 17. Oktober 1909
Vor dem Gemeinderat

Beratungsgegenstand
Die Verlängerung der Schulferien betr.

Beschluß
Der Gemeinderat stellt den Antrag, die Ortsschulbehörde wolle die Schulferien bis zum 21. Oktober verlängern und den Kreisschulvisitator benachrichtigen.

Der Gemeinderat Heckler Bürgermeister
Bernhard Maurer Adam Hamm Josef Fuchs Valentin Straub
Julius Schroff
A.Vogel Ratschreiber"

Anmerkung:
Die Ortsschulbehörde setzte sich aus dem Bürgermeister, dem Ortspfarrer und sechs Beigeordneten, in der Regel dem Gemeinderat, zusammen. Der Kreisvisitator wird wohl zugestimmt haben, denn die Schulkinder waren gerade auch im Herbst unverzichtbare Arbeitskräfte in der Landwirtschaft.

~

„Geschehen Dettingen den 19. Februar 1911
Vor dem Gemeinderat

Beratungsgegenstand
Der Gehalt des Meßmerdienstes in Wallhausen

Beschluß
Auf Gesuch des Pirmin Aßfahl um Erhöhung des Meßmergehaltes von 48 auf 60 Mark wird dem Antrag des Gesuchstellers entsprochen.

Der Gemeinderat Heckler Bürgermeister
Baptist Späth Josef Fuchs Valentin Straub
Gebhard Dullenkopf Julius Schroff
A.Vogel Ratschreiber"

~

„Geschehen Dettingen den 11. Mai 1911
Vor dem Gemeinderat

Beratungsgegenstand
Die Ehrung des Ortsgeistlichen für 25- jährige Amtsverwaltung betreff.

Beschluß
Nachdem Herr Pfarrer Ochs 25 Jahre als Seelsorger tätig ist, soll demselben eine Anerkennung von Seiten der Gemeinde gewidmet werden im Betrag von zirka 40 Mark.

Der Gemeinderat Heckler Bürgermeister
Baptist Späth Josef Fuchs Valentin Straub
Gebhard Dullenkopf J. Baptist Okle Julius Schroff
A.Vogel Ratschreiber"

~

„Geschehen Dettingen den 15. Juli 1913
Vor dem Gemeinderat

Beratungsgegenstand
Die 40 - jährige Jubelfeier unseres Ortspfarrers Andreas Ochs betreff.

Beschluß
Dem Herrn Pfarrer Ochs wird aus der Gemeindekasse zu seinem 40- jährigen Priesterjubiläum, welches er heute in Sigmaringen feiert und zum 27- jährigen Wirken als Seelsorger in unserer Pfarrei ein Geschenk mit 50 Mark zugewiesen und soll vom Gemeinderat am Sonntag den 20.d.M. überreicht werden. Zugleich soll heute im Namen der Pfarrangehörigen, Schul- und Stiftungsrat ein Telegramm abgesandt werden.

Der Gemeinderat Heckler Bürgermeister
Baptist Späth Valentin Straub Josef Fuchs J. Baptist Okle
Julius Schroff
A.Vogel Ratschreiber"

~

„Geschehen Dettingen den 8. März 1914
Vor dem Gemeinderat

Beratungsgegenstand
Wegzug des Pfarrers Ochs betreff.

Beschluß
Nachdem Pfarrer Ochs 28 Jahre in hiesiger Gemeinde als Seelsorger tätig war und infolge eines Unfalls die Pfarrei abgeben und sich in Ruhestand versetzen zu lassen, so wird ihm von hiesiger Gemeinde ein Geschenk bestehend in einem Messbuch im Werte von 24 Mark überreicht.

Der Gemeinderat Heckler Bürgermeister
Baptist Späth Valentin Straub Gebhard Dullenkopf
J. Baptist Okle Julius Schroff
A.Vogel Ratschreiber"

~

„Geschehen Dettingen den 29. März 1914
Vor dem Gemeinderat

Beratungsgegenstand
I. Die Abholung des Pfarrverwesers betreff.

Beschluß
Der neue Pfarrverweser soll an der Station Hegne mittels Fuhrwerk abgeholt werden.

II. Der Schluß des Volksschulunterrichts und der Kochschule betreff.
Beschluß
Der Schluß der Volksschule und des Kochkurses soll am Samstag den 4. April vormittags von 9 – 12 Uhr abgehalten werden, da der neue Pfarrer sich daran beteiligen kann.

Der Gemeinderat Heckler Bürgermeister
Baptist Späth Josef Fuchs Valentin Straub Julius Schroff
J. Baptist Okle Gebhard Dullenkopf
A.Vogel Ratschreiber"

~

„Geschehen Dettingen den 5. April 1915
Vor dem Gemeinderat

Beratungsgegenstand
Die Besetzung der hiesigen Pfarrei betreff.

Beschluß
Es soll auf Wunsch der Gemeindeverwaltung und Zustimmung des Bürgerausschußes beim Grhz. Ministerium des Kultus und Unterricht Vorstellung gemacht werden, daß Pfarrverweser Heck als Pfarrer hiesiger Gemeinde belassen werde.

Der Gemeinderat Heckler Bürgermeister
J. Baptist Späth Valentin Straub J. Baptist Okle Josef Fuchs
Julius Schroff Gebhard Dullenkopf

A.Vogel Ratschreiber"

Anmerkung:
Der Wunsch der Gemeinde wurde erfüllt; Pfarrer Heck wirkte über zwei Jahrzehnte als Seelsorger in der Gemeinde.

~

„Geschehen Dettingen den 13. Januar 1915
Vor dem Gemeinderat

Beratungsgegenstand
Die Besoldung des Organisten Engelbert Schroff betreff.

Beschluß
Nach Antrag des Hilfsorganisten Engelbert Schroff um eine Entschädigung, stellt der Gemeinderat den Antrag, die betreffende Entschädigung aus dem Klingelbeutel zu entnehmen, für Sonn- und Feiertag je 1Mark.

Der Gemeinderat Heckler Bürgermeister
J. Baptist Späth Josef Fuchs Julius Schroff
Gebhard Dullenkopf Valentin Straub J. Baptist Okle
A.Vogel Ratschreiber"

Anmerkung:
Es war die Zeit des 1.Weltkrieges. Der Organist Hauptlehrer Bogenschütz war zum Kriegsdienst einberufen, erhielt aber noch die Organistenvergütung. Man war ja der Meinung, dass der Krieg in ein paar Monaten siegreich beendet sein werde!

~

„Geschehen Dettingen den 5. Dezember 1915
Vor dem Gemeinderat

Beratungsgegenstand
Die Vergütung des Organistendienstes betreff.

Beschluß
Nachdem der Organist Hilfslehrer Döring den Antrag auf monatliche Bezahlung für Organistendienst gestellt hat, und der Organistengehalt an Hauptlehrer Bogenschütz bezahlt wird, so stellt der Gemeinderat den Antrag, daß aus der Gemeindekasse per Monat 6 Mark bezahlt wird.

Der Gemeinderat Heckler Bürgermeister
Baptist Späth Josef Fuchs Julius Schroff Gebhard Dullenkopf
J. Baptist Okle Valentin Straub
A.Vogel Ratschreiber"

Anmerkung:
Am 26. Dezember 1915 beschloss der Gemeinderat, mit Zustimmung von Frau Bogenschütz, die Organistenvergütung ihres Mannes an Hilfslehrer Döring zu bezahlen.

~

„Geschehen Dettingen den 1. Oktober 1916
Vor dem Gemeinderat

Beratungsgegenstand
Die Benützung des zweiten Schulsaales für den Jungfrauenverein betreff.

Beschluß

Nachdem der Ortsschulrat unterm 27. September d.J. beschlossen hat, daß dem Jungfrauenverein der Bürgersaal zur Ausführung von Proben unter Mitwirkung des Ortsgeistlichen gestattet wurde, derselbe aber die Benutzung des zweiten Schulsaales beanspruchte, was der Lehrer nicht billigte.
Mit obigem Beschluß ist der Ortspfarrer nicht einverstanden.
Wir stellen nun dem Pfarrer und Lehrer frei, sich zu verständigen nach ihrem Gutachten.

Der Gemeinderat Heckler Bürgermeister
J. Baptist Späth Valentin Straub J. Baptist Okle
Julius Schroff Gebhard Dullenkopf
A.Vogel Ratschreiber"

~

„Geschehen Dettingen den 13. Juli 1919
Vor dem Gemeinderat

Beratungsgegenstand
Die Teilnahme an der Beerdigung des Pfarrer Ochs in Busenbach betreff.

Beschluß
Nachdem der Verstorbene 28 Jahre in hiesiger Gemeinde als Seelsorger wirkte, ist eine Vertretung durch die Gemeinde zur Beerdigung abgesandt worden, in der Person des Hochw. Herrn Pfarrer Heck. Es werden demselben die Reisekosten mit 30 Mark und für einen Kranz für 10 Mark von der Gemeindekasse an ihn ausbezahlt werden.

Der Gemeinderat Heckler Bürgermeister

Josef Fuchs   Valentin Straub   Julius Schroff   Heinrich Späth
J. Baptist Okle   Adolf Hamm
J. Fuchs stellv. Ratschreiber"

~

„Geschehen Dettingen den 16. Januar 1921
Vor dem Gemeinderat

Beratungsgegenstand
Bestellen von Heften „Kriegsgefangene in Sibirien"

Beschluß
Es sollen 10 Hefte bestellt werden und dem Hauptlehrer Bogenschütz zur Verteilung an die Schüler übergeben werden.

Der Gemeinderat Heckler Bürgermeister
Josef Fuchs   Valentin Straub   J. Baptist Okle   Julius Schroff
Heinrich Späth
Karl Heckler Ratschreiber"

~

„Geschehen Dettingen den 7. August 1921
Vor dem Gemeinderat

Beratungsgegenstand
Beitrag der Gemeinde an den neuen Kirchenglocken mit 2000 Mark.

Beschluß

Die Gemeinde leistet an den neuen Kirchenglocken einen Beitrag von 2000 Mark, vorbehaltlich der Zustimmung des Bürgerausschußes.

Der Gemeinderat Heckler Bürgermeister
Josef Fuchs Valentin Straub Adolf Hamm Heinrich Späth
Julius Schroff
K. Heckler Ratschreiber"

Anmerkung:
Der Bürgerausschuss stimmte dem Gemeinderatsbeschluss mit 39 Stimmen geschlossen zu.

Der Beratungsgegenstand hatte die Formulierung:
„Beitragsleistung der Gemeinde zur Beschaffung neuer Kirchenglocken mit 2000 Mark.
Nachdem 1 Glocke im Kriegsjahr 1917 abgegeben werden musste und nun als Ersatz ein Quantum Metall zu einer neuen Glocke der Gemeinde zur Verfügung gestellt, wurde beschlossen, drei neue Glocken zu beschaffen"

~

„Geschehen Dettingen, den 29. Januar 1922
In Gegenwart von Bürgermeister und Gemeinderat

Beratungsgegenstand
Organistengehalt des Hauptlehrers Bogenschütz betr.

Beschluß
Seitens der Gemeinde wird an Organistengehalt der Betrag mit 1000 Mark bezahlt.

Der Gemeinderat Heckler Bürgermeister
Valentin Straub J. Baptist Okle Julius Schroff Heinrich Späth
Adolf Hamm
K. Heckler Ratschreiber"

Anmerkung:
An der Höhe des Gehaltes zeigt sich die beginnende galoppierende Inflation.

~

„Geschehen Dettingen, den 3. Mai 1923
In Gegenwart von Bürgermeister und Gemeinderat

Beratungsgegenstand
Organistendienst in Dettingen
Beschluß
Nachdem Herr Hauptlehrer Bogenschütz dem Gemeinderat den schriftlichen Rücktritt als Organist zugestellt hat, und zwar aus Gründen, die für den Organisten sowie dem Chor in den von dem Pfarrer Heck in der Christenlehre am Sonntag den 15. April hervorgebrachten Äußerungen liegen, hat der Gemeinderat beschlossen um den Gemeindefrieden, der in der heutigen schweren Zeit von großem Wert ist, solchen unliebsamen Verhältnissen für den Gemeinderat und Bürgermeister abzuhelfen, weitere Schritte zu unternehmen.

Auf Vorlesen genehmigt und unterschrieben.
Der Gemeinderat Schulter Bürgermeister
Josef Fuchs Josef Demmler Julius Demmler Richard Späth
Adolf Bossart Adolf Hamm
K. Heckler Ratschreiber"

Anmerkung:
Aus den Protokollen gibt es keine Aufklärung der „Affäre". An der guten Qualität der von Hauptlehrer Bogenschütz vor und nach dieser Angelegenheit jahrzehntelang für die Kirchenmusik in der Gemeinde geleistete Arbeit konnte es kaum liegen.

~

„Geschehen Dettingen, 20. April 1924

Ehrung des Heinrich Fuchs als 51 jähriges Mitglied des Kirchenchores betr.

Beschluß
Seitens der Gemeinde soll dem Kirchenchorsänger Heinrich Fuchs ein Geschenk im Werte von 15 – 20 Mark übergeben werden, anlässlich seines 50 jährigen Jubiläums.

Auf Vorlesen genehmigt und unterschrieben:
Der Gemeinderat: Schulter Bürgermeister
Josef Fuchs Adolf Hamm Josef Demmler Julius Demmler
Adolf Bossart Richard Späth"

Anmerkung:
Obiges Protokoll zeigt, dass es den Kirchenchor Dettingen schon länger gibt, als bisher angenommen wurde.
In der Festschrift „200 Jahre Pfarrkirche St. Verena Dettingen – Wallhausen" im Jahre 1984 ist zu lesen: Der Wallhauser Andreas Urnau, geb. 1874, hat als 11- jähriger Junge und Schüler der 4. Klasse wegen seiner schönen Stimme bereits im Kirchechor mitgesungen. Es gab also schon 1885 einen Kirchenchor..."

Wenn aber Heinrich Fuchs – geb. 1856 – im Jahre 1924 schon 51 Jahre im Kirchenchor mitgesungen hat, dann muss es den Kirchenchor mindestens schon im Jahre 1873 gegeben haben!

~

„Geschehen Dettingen, den 1. Juli 1925
In Gegenwart des Bürgermeisters und Gemeinderat

Beratungsgegenstand
Schülerausflug betr.

Beschluß
Der Schülerausflug soll mit einem Luftschiff ausgeführt werden. Nachdem der Herr Bürgermeister bereits mit dem Konstanzer Bodenseeboot Verbindung aufgenommen hat, soll zunächst abgewartet werden, was dieselben auf das Ansuchen antworten. Die Fahrkosten werden von der Gemeinde übernommen.

Auf Vorlesen genehmigt und unterschrieben.
Der Gemeinderat Bürgermeister Okle
Adolf Hamm Adolf Bossart Richard Späth Johann Hornstein
Julius Demmler Josef Demmler
K. Heckler Ratschreiber"

Anmerkung:
Man wollte dann doch nicht so hoch hinaus!
Der Ausflug fand mit dem Schiff nach Bregenz statt.

~

„Geschehen Dettingen, den 18. Oktober 1925
In Gegenwart von Bürgermeister und Gemeinderat

Beratungsgegenstand
Die Ernennung bzw. Erstellung einer II. Hauptlehrerstelle betr.

Beschluß
Nachdem die Unterlehrerstelle in Dettingen zu einer Hauptlehrerstelle umgewandelt worden ist, soll der Bürgermeister bei dem Kreisschulrat vorstellig werden, mit dem Wunsche, ob die derzeitige Lehrerin Frl. Rombach in Dettingen belassen werden möchte.

Auf Vorlesen genehmigt und unterschrieben
Der Gemeinderat Bürgermeister Okle
Adolf Hamm Adolf Bossart Johann Hornstein Julius Demmler
Josef Demmler
K. Heckler Ratschreiber"

Anmerkung:
Dem Wunsch der Gemeinde wurde entsprochen.
Hauptlehrerin Rombach unterrichtete bis zum Kriegsende 1945 an der Volksschule in Dettingen.

~

„Geschehen Dettingen, den 17. Januar 1926
In Gegenwart des Bürgermeisters und Gemeinderat

Beratungsgegenstand
Bewilligung einer Vergütung für die Aufsicht auf der Emporbühne in der Kirche und bei Prozessionen.

Beschluß

Dem Richard Waldraff wird für Aufsicht in der Kirche sowie bei den Prozessionen eine Vergütung von 20 Mark jährlich genehmigt.
Auf Vorlesen genehmigt und unterschrieben.
Der Gemeinderat Bürgermeister Okle
Adolf Hamm Josef Demmler Julius Demmler
Johann Hornstein Richard Späth Adolf Bossart
K. Heckler Ratschreiber"

~

„Geschehen Dettingen, den 31. August 1926
In Gegenwart des Bürgermeisters und Gemeinderat

Beratungsgegenstand
Patroziniumsfest! Verenafest 1926 betr.

Beschluß

Das Patroziniumsfest soll nach folgendem Programm abgehalten werden:
Vormittags ¾ 9 Uhr offizieller Kirchgang der Vereine mit Fahnen, nach dem Gottesdienst Frühschoppen in der Wirtschaft zur Traube, nachmittags 3 Uhr gemütliches Beisammensein unter Mitwirkung des Gesangvereins, Schülerchor und Musik im Gasthaus zum Kreuz.

Beim Frühschoppen wird von der Gemeinde für die Vereine zwei Faß Bier bezahlt.

Der Gemeinderat Bürgermeister Okle
Josef Demmler Julius Demmler

Johann Hornstein Adolf Bossart

K. Heckler Ratschreiber"

~

„Geschehen Dettingen, den 2. Mai 1928
In Gegenwart des Bürgermeisters und Gemeinderat

Beratungsgegenstand
25 jähriges Dienstjubiläum des Herrn Hauptlehrer Bogenschütz in Dettingen betr.

Beschluß
Die Gemeinde Dettingen ehrt den Hauptlehrer Bogenschütz anlässlich seines 25 jährigen Dienstjubiläums folgendermaßen: Am Pfingstsamstagabend ½ 9 bis 9 Uhr sammeln sich die hiesigen sämtlichen Vereine mit Fahnen; Sammlung beim Schulhaus, dann Abmarsch zum Rathaus zur Wohnung des Herrn Hauptlehrer, wonach der Herr Bürgermeister eine Ansprache hält und demselben als äußeres Zeichen der Dankbarkeit eine von der Gemeinde angefertigte Uhr mit dem Gemeindewappen überreicht wird.

Auf Vorlesen genehmigt und unterzeichnet
Der Gemeinderat Bürgermeister Okle
Richard Späth Johann Hornstein Julius Demmler
Felix Kaibach Lambert Heckler Josef Müller
K. Heckler Ratschreiber"

Anmerkung:
Es ist ersichtlich, Hauptlehrer Bogenschütz, geb. 1883, seit 1912 Schulleiter in Dettingen , war in der Gemeinde eine hoch geachtete Persönlichkeit.

~

„Geschehen Dettingen, den 25. März 1930
In Gegenwart von Bürgermeister und Gemeinderat

Beratungsgegenstand
Organistendienst Gehalt. Erhöhung betr.

Beschluß
Der Organistengehalt des Hauptlehrer Bogenschütz wird von 80 auf 100 Mark festgesetzt, d.h. der vom Kirchenfond Dettingen übernommene Betrag von 80 Mark wird auf 100 Mark erhöht. Die Bezahlung erfolgt aus der Gemeindekasse.

Auf Vorlesen genehmigt und unterschrieben.
Der Gemeinderat Okle Bürgermeister
Julius Demmler Josef Müller Lambert Heckler Felix Kaibach
Johann Hornstein Richard Späth
K. Heckler Ratschreiber"

~

„Geschehen Dettingen, den 19. November 1931
In Gegenwart des Bürgermeisters und Gemeinderat

Beratungsgegenstand
Schulprüfung in Dettingen an der Volksschule betr.

Beschluß
Der Gemeinderat hat von der am 20. November 1931 stattfindenden Prüfung in der Volksschule und Fortbildungsschule Kenntnis genommen und wird der Gemeinderat an derselben teilnehmen.

Auf Vorlesen genehmigt und unterschrieben

Der Gemeinderat Okle Bürgermeister
Konrad Schroff Adolf Hamm Julius Demmler Lambert Heckler
Josef Demmler Johann Roth
K. Heckler Ratschreiber"

~

„Geschehen Dettingen, den 11. Februar 1932
In Gegenwart des Bürgermeisters und Gemeinderat

Beratungsgegenstand
Jahrtag für die gefallenen Krieger betr.

Beschluß
Am 22. d. M. soll ein feierliches Seelenamt in der Pfarrkirche für die im Weltkrieg gefallenen Bürgersöhne unserer Heimatgemeinde abgehalten werden.
Die Einwohnerschaft wird in ortsüblicher Weise eingeladen.

Auf Vorlesen genehmigt und unterschrieben.
Der Gemeinderat Okle Bürgermeister
Josef Demmler Johann Roth Konrad Schroff Julius Demmler
Lambert Heckler Adolf Hamm"

~

„Geschehen Dettingen, den 10. Oktober 1933
In Gegenwart von Bürgermeister und Gemeinderat

Beratungsgegenstand
Organistendienst betr.

Beschluß
Auf Einladung durch Herrn Bürgermeister erschien Herr Hauptlehrer Bogenschütz zur Beratung dieses Punktes.
Herr Lehrer gab zu diesem Punkte die nötigen Aufklärungen und erklärte, daß er sich in den nächstliegenden Gemeinden über die Reglung des Organistendienstes erkundigt habe und auch nicht mehr verlange als ihm zustehe. Er gab die Erklärung ab, daß er seine ihm zustehenden Grundstücke (Anmerkung: Allmende als Schulleiter) **restlos der Gemeinde zur Verfügung stelle im Sinne des nationalen Gedankens und verlange als Organist von der Gemeinde 400 RM, wobei 300 RM. Wohnungsmiete in Abrechnung komme, somit hätte dann die Gemeinde noch den Betrag von 100RM. (**Anmerkung: jährlich**) an ihn zu bezahlen.**
Der Gemeinderat nimmt Kenntnis und stimmt diesem Antrag bei.

Nach Vorlesen genehmigt und unterschrieben
Jul. Assfahl Bürgermeister
Lambert Heckler Konrad Schroff Johann Meßmer
Friedrich Schroff"

Anmerkung:
Man befand sich schon im „Dritten Reich" und Hauptlehrer Bogenschütz war als NS – Ortsgruppenleiter der höchste Funktionär der Staatspartei NSDAP in der Gemeinde.
Bemerkenswert in diesem Zusammenhang ist, dass er noch bis ins Jahr 1937 den Organistendienst in der Pfarrkirche ausübte.

~

„Geschehen Dettingen, den 14. Februar 1934
In Gegenwart Bürgermeister Assfahl und Gemeinderat

Beratungsgegenstand

Kohlenbeschaffung für die Kirche

Beschluß
Nachdem unser Ortsgeistlicher Herr Pfarrer Heck zur Beschaffung von Kohlen eine Haussammlung veranstalten wollte, so beschließt der Gemeinderat, daß von der Gemeinde hierzu 50 RM. bewilligt werden und dann die Haussammlung unterlassen wird.

Vorgelesen, genehmigt und unterschrieben.
Der Gemeinderat Bürgermeister Assfahl
Lambert Heckler Konrad Schroff Johann Meßmer
Friedrich Schroff"

Anmerkung:
Da wollte der Gemeinderat auch im „Dritten Reich" nicht als kirchenfeindlich gelten.

~

„Geschehen Dettingen, den 25. August 1934
In Gegenwart Bürgermeister Assfahl und Gemeinderat

Beratungsgegenstand
Schulhauserweiterung der Gemeinde betr.

Beschluß
Da die Schulsäle für die hiesigen Schüler zu klein geworden sind und der Bürgersaal wieder als Schulsaal benötigt werden muß, so ist die Gemeinde sozusagen genötigt, an die Erweiterung des Schulhauses zu treten.
Es wurde deshalb beschlossen, daß der Bürgermeister, der Lehrer und der Gemeinderat von Wallhausen (Anmerkung: Johann Meßmer**) sich nach Konstanz begeben auf das Kreisschulamt, um über diese**

Sache zu verhandeln, da auch in Erwägung gebracht wurde, ob man nicht in Wallhausen ein neues Schulhaus erstellen könnte.

Nach Vorlesen genehmigt und unterschrieben.
Assfahl Bürgermeister
Lambert Heckler Konrad Schroff Johann Meßmer
Friedrich Schroff"

~

„Geschehen Dettingen, den 13. Oktober 1934
In Gegenwart Bürgermeister und Gemeinderat

Beratungsgegenstand
Schulhausfrage betr.

Beschluß

Der Bürgermeister gibt bekannt, daß der Bezirksbaumeister bei ihm war wegen dem Schulhausbau. Er gab ihm bekannt, daß wenn wir das Schulhaus umbauen, wie hierfür einen Zuschuß bekommen.
Der Gemeinderat stellt den Beschluß bis zur nächsten Sitzung zurück.

Nach Vorlesen genehmigt und unterschrieben
Assfahl Bürgermeister
Lambert Heckler Konrad Schroff Johann Meßmer
Friedrich Schroff"

Anmerkung:
Der Gemeinderat hat sich ausweislich der Protokollbücher mit diesem Projekt nicht mehr befasst.

Zur ersten Schulhauserweiterung kam es erst im Jahre 1951.

~

„Geschehen Dettingen, den 8. November 1934
In Gegenwart: Bürgermeister und Gemeinderat

Beratungsgegenstand
Gesuch des Kath. Stiftungsrates hier um einen Zuschuß der Gemeinde für die unvorhergesehenen Baukosten.

Beschluß
Der Gemeinderat genehmigt dem Kath. Stiftungsrat zum Ausbau des Pfarrhauses aus der Gemeindekasse einen Betrag von 150.- Reichsmark.

Der Gemeinderat: Assfahl Bürgermeister
Lambert Heckler Konrad Schroff Johann Meßmer
Friedrich Schroff
Singler Ratschreiber"

~

„Geschehen Dettingen, 3. April 1935
In Gegenwart: Bürgermeister, Gemeinderat

Beratungsgegenstand
Dritte Lehrerstelle betr.

Beschluß
Der Gemeinderat nimmt Kenntnis von dem Schreiben des Kreisschulamtes Konstanz, daß nun für hiesige Gemeinde eine

dritte Lehrerstelle eingeführt sei. Nun ist aber der Gemeinderat der Auffassung, wenn wir für drei Lehrerstellen Zahlungen zu leisten haben, nur einen Unterlehrer an diese Stelle zu versetzen.

Nach Vorlesen genehmigt und unterschrieben
Assfahl Bürgermeister
Lambert Heckler Konrad Schroff Johann Meßmer
Friedrich Schroff"

Anmerkung:
Dies war bis Kriegsende 1945 die letzte Protokolleintragung zu Kirche und Schule.
Die neue Zeit hatte neue Themen....

~

Zentrale Wasserversorgung

Für die Wasserversorgung von „Mensch und Vieh“ standen gegen Ende des 19. Jahrhunderts in Dettingen drei und in Wallhausen ein öffentlicher Brunnen zur Verfügung, wobei in Wallhausen auch der See mit dem damals noch wenig verbauten, meist flachem Ufer als „Brunnen“ für die Viehtränke zur Verfügung stand.
Die Wasserzufuhr von den Brunnenstuben zu den öffentlichen Brunnen war durch die alten hölzernen Leitungen – „Deichel“- sehr reparaturbedürftig.
So beschloss der Gemeinderat in 1887 die Herstellung der Brunnenleitung „von der Brunnenstube beim Acker des Ludwig Waldraff bis zur Brunnenstube beim Haus des Karl Hamm“ mit eisernen Röhren. (Siehe Band „1833 – 1888“)

Im Protokoll über die Ortsbereisung der Gemeinde im Jahre 1889 wurde vermerkt, „... der Gemeinderat verkennt nicht, wie wünschenswert und zweckmäßig die Fortführung der eisernen Leitung wäre, scheut sich aber vor den Kosten, die sich auf angeblich 2000 Mark belaufen sollen.
Wir werden die Angelegenheit im Auge behalten.“

„Geschehen Dettingen, den 12ten April 1895
Vor dem Gemeinderath

Berathungsgegenstand
Die Weiterführung der eisernen Leitung für die Ortsbrunnen betr.

Beschluß
Es soll die Weiterführung der eisernen Leitung des Wassers für die Ortsbrunnen nicht durch die Grhz. Straßen – und Wasserbauinspektion nach dem vom 10ten d.M. gemachten Vorschlag durchgeführt werden, sondern die Leitung wird von der Gemeindeverwaltung selbst durchgeführt.

Der Gemeinderath: Bürgermeisterstellvertreter Gemeinderath Vogel

Jgnaz Hornstein alt Adam Hamm Bernhard Maurer
Rathschreiber Konstantin Heckler"

Anmerkung:
Bürgermeister Johann Okle ist überraschend im Alter von 45 Jahren verstorben.

~

„Geschehen Dettingen, den 25ten Mai 1896
In Gegenwart des Gemeinderaths

Berathungsgegenstand
Die Erstellung einer neuen Wasserleitung betreffend

Beschluß

Das unterm 7ten Mai d.J. von Großhzgl. Kulturinspektion zugestellte Projekt der Wasserversorgung entspricht der Ansicht des Gemeinderathes, jedoch erscheinen die Kosten für genanntes Projekt für unsere Verhältnisse etwas hoch und ist der Gemeinderath der Ansicht, daß die bisherige Leitung, welche den Erfordernißen entsprochen hat weiter geführt werden soll im bisherigen Stil.
Auch sollen die Wasserquellen frisch gefaßt werden.

Der Gemeinderath: Konstantin Heckler Bürgermeister
Bernhard Maurer Adam Hamm Baptist Späth jg.
Johann Urnau Johann Schroff Jgnaz Hornstein alt
Rathschreiber Vogel"

Anmerkung:
Die Großherzogl. Kulturinspektion erweiterte das Projekt zu einem Vorhaben, eine zentrale Wasserversorgung für das ganze Dorf zu schaffen.

Da wollte der Gemeinderat aus finanziellen Gründen nicht mitmachen.

~

„Geschehen Dettingen, den 1ten Mai 1898
Vor dem Gemeinderath

Gegenstand der Berathung
Die Erstellung der Wasserleitung betr.

Nach dem Bericht des Grhz. Ministerium des Innern vom 1ten März d.J. ein Staatsbeitrag nicht genehmigt wurde, sowie der außerordentliche Holzhieb zur Mitfinanzierung der Kosten, welcher noch nicht ausgeführt ist und dessen Erlös noch nicht ersichtlich ist, so ist der Gemeinderat der Ansicht, daß mit der Ausführung der Wasserleitung zugewartet werden soll, bis für die Gemeinde günstigere Resultate zu Tage treten.

Der Gemeinderath: Heckler Bürgermeister
Baptist Späth jg. Johann Schroff Johann Urnau
Bernhard Maurer
Rathschreiber Vogel"

~

„Geschehen Dettingen, den 14ten Juni 1900
Vor dem Gemeinderath

Berathungsgegenstand
Die Ausführung der projektierten Wasserleitung betreff.

Beschluß

Auf die Zuschrift des Grhz. Bezirksamtes vom 22ten Mai soll dieselbe nach dem Projekt ausgeführt werden, vorbehaltlich der Bewilligung eines Staatsbetrages und Zustimmung des Bürgerausschußes.

Der Gemeinderath: Heckler Bürgermeister
Bernhard Maurer Jgnaz Hornstein I Adam Hamm
Baptist Späth II Johann Schroff
Rathschreiber Vogel"

Anmerkung:
Wie man sieht, ist das Projekt in den vergangenen zwei Jahren nicht vom Fleck gekommen.

~

„Geschehen Dettingen, den 30ten September 1900
Vor dem Gemeinderath

Berathungsgegenstand
Die Ausführung der Wasserleitung betreff.

Beschluß

Die Großhz. Wasser- und Straßenbauinspektion soll ersucht werden, die Vorarbeiten zur neuen Wasserleitung einzuleiten.

Der Gemeinderath: Heckler Bürgermeister
Baptist Späth Adam Hamm Johann Schroff
Jgnaz Hornstein I Bernhard Maurer"

Anmerkung:
Jetzt geht es also los!

Aber vorerst nur in Dettingen; der Teilort Wallhausen musste noch etwas warten.

~

„Geschehen Dettingen, den 24ten Februar 1901
Vor dem Gemeinderath

I.Berathungsgegenstand
Die Geldaufnahme der Gemeinde zur Erstellung der neuen Wasserleitung betreff.

Beschluß
Es soll mit Grhz. Bezirksamt über obigen Betreff Rücksprache genommen werden. Ebenso über den Ankauf des nöthigen Geländes.

II.Berathungsgegenstand
Die Tilgung der Wasserleitungskosten durch Geldaufnahme der Gemeinde betreff.

Beschluß
Im obigen Betreff soll zur Einholung der Genehmigung zu einer Anleihe von 2760 Mark der Bürgerausschuß auf Sonntag, den 3ten März zur Beschlussfassung eingeladen werden.

Der Gemeinderath: Heckler Bürgermeister
Jgnaz Hornstein I   Bernhard Maurer   Johann Urnau
Johann Schroff   Baptist Späth   Adam Hamm
Rathschreiber Vogel"

Anmerkung:
Der Bürgerausschuss stimmte zu.

~

„Geschehen Dettingen, den 31ten März 1901
Vor dem Gemeinderath

Berathungsgegenstände

I. Die Übernahme des Kostenaufwandes der Privatanschlüße vom Hauptrohrstrang betreff.
Beschluß
Der Anschluß vom Hauptrohrstrang in die Privatleitungen wird von der Gemeinde bezahlt.

II. Die Entschädigung von Privatrohrsträngen betreff.
Beschluß
Jedem Wasserabnehmer wird die Rohrleitung, welche über 10 Meter vom Haus bis an den Hauptstrang lang ist, von der Gemeinde bezahlt, soweit dieselben im Ortskern liegen.
Die innere Einrichtung sowie die Grabenarbeit hat der Wasserabnehmer selbst zu bezahlen. Jeder zahlt 10 Meter selbst.

III. Den Wasserzins betreffend
Beschluß
Haushaltungen ohne Landwirtschaft haben einen Wasserzins zu bezahlen von jährlich 2 Mark
Landwirtschaft treibende Haushaltungen 3 Mark
Landwirtschaft und Gewerbe 4 Mark
Jeder weitere Hahnen 1 Mark.

Der Gemeinderath: Heckler Bürgermeister
Jgnaz Hornstein I Baptist Späth Johann Urnau
Johann Schroff Bernhard Maurer
Rathschreiber Vogel"

~

„Geschehen Dettingen, den 11ten August 1901
Vor dem Gemeinderath

Berathungsgegenstand
I. Die Anstellung eines Brunnenmeisters betreff.
Beschluß
Als Brunnenmeister wird Heinrich Späth von hier in Vorschlag gebracht und ernannt.
Das Anfangsgehalt beträgt 70 Mark jährlich.

II. Die Erstellung drei weiterer Röhrenbrunnen
Beschluß
Sobald die Wassermenge festgestellt ist, sollen die weiteren drei Brunnen aufgestellt werden, nachdem der Bürgerausschuß die Genehmigung hierzu erteilt hat.

III. Die Erteilung einer Remuneration (Anmerkung: Freiwillige Zuwendung**) an den Monteur Gremelsbacher betreff.**
Beschluß
Dem Monteur Gremelsbacher soll in Anbetracht seiner gewissenhaften Dienstleistung bei Erstellung der Wasserleitung eine Remuneration in Höhe von 40 Mark aus der Gemeindekasse bezahlt werden.

Der Gemeinderath: Heckler Bürgermeister
Bernhard Maurer Baptist Späth Josef Fuchs Johann Schroff
Valentin Straub Adam Hamm
Rathschreiber Vogel"

~

„Geschehen Dettingen, den 6ten Februar 1902
Vor dem Gemeinderath

Berathungsgegenstand
Die Schuldentilgung für die Wasserleitung betreff.

Beschluß
Der Gemeinderath stellt den Antrag, daß ein Schuldentilgungsplan über die Wasserleitungskosten erst aufgestellt werden soll, wenn auch die Wasserleitung in Wallhausen fertig gestellt ist, sowie der Staatsbeitrag bemessen ist.
Über obiges soll Grh. Bezirksamt in Kenntniß gesetzt werden und bitten wir um Genehmigung dieses Beschlußes.

Der Gemeinderath: Heckler Bürgermeister
Baptist Späth Valentin Straub Adam Hamm Bernhard Maurer
Josef Fuchs Johann Schroff
Rathschreiber Vogel"

~

„Geschehen Dettingen, den 16ten März 1902
Vor dem Gemeinderath

Berathungsgegenstand
Die Wasserleitung in Wallhausen betreff.

Beschluß
Über die Ausführung der Wasserleitung in Wallhausen soll am Dienstag den 25ten d.M. Bürgerausschußsitzung abgehalten werden betreffs der Ausführung und der Aufbringung der erforderlichen Mittel.

Der Gemeinderath: Heckler Bürgermeister

Bernhard Maurer   Baptist Späth   Josef Fuchs   Valentin Straub
Adam Hamm

Rathschreiber A. Vogel"

Anmerkung:
Zu der oben erwähnten Bürgerausschusssitzung sind 37 von 40 stimmberechtigte Bürger erschienen.
Sie fassten den Beschluss,
„dass die Wasserleitung auch in Wallhausen ausgeführt werden soll und dass die erforderlichen Mittel durch Kapitalaufnahme beigeschafft werden sollen".

~

„Geschehen Dettingen, den 23ten März 1902
Vor dem Gemeinderath

Berathungsgegenstand

I. Die Erstellung drei weiterer Röhrenbrunnen dahier betreff.
Beschluß
Auf die Mitteilung von Grhz. Bezirksamt vom 18ten d.M. und Bericht der Grhz. Kulturinspektion über die Erstellung dreier weiterer Brunnen ist der Gemeinderath damit einverstanden, daß die Quellen noch ein Jahr beobachtet werden sollen und damit mit Erstellung noch zugewartet werden soll.

II. Die Umpflasterung der Hydranten und Schieber
Beschluß
Es soll die Umpflasterung der Hydranten und Schieber im Kommissionswege vergeben werden.

Der Gemeinderath: Heckler Bürgermeister

Bernhard Maurer Baptist Späth Adam Hamm Johann Schroff Valentin Straub Josef Fuchs

Rathschreiber A. Vogel"

Anmerkung:
Die Quellen brachten wohl doch zu wenig Wasser, um neben dem durch die zentrale Wasserversorgung stark gestiegenen Wasserverbrauch auch noch drei weitere öffentliche Brunnen zu versorgen, denn es blieb bei den schon vorhandenen drei Brunnen.

~

„Geschehen Dettingen, den 10ten November 1902
Vor dem unterzeichneten Gemeinderath

Berathungsgegenstand
Eine Dreschprobe mittels Hydrant betr.

Beschluß

Es wird dem Georg Demmler gestattet, eine Probe auf sein Gesuch vom 9ten d.M. ein Hydrant zur Abgabe von Wasserkraft zum Betrieb der Dreschmaschine zu machen.
Für etwaige Schäden mit Entschädigungen seitens der Aufsichtspersonen hat der Gesuchsteller aufzukommen.

Der Gemeinderath: Heckler Bürgermeister
Bernhard Maurer Adam Hamm Valentin Straub Josef Fuchs

Rathschreiber A. Vogel"

Anmerkung:
Ob der Versuch zufriedenstellend verlief, ist leider nicht überliefert.

Grundsätzlich war ein Antrieb mit Hilfe der auf dem Markt vorhandenen Wassermotoren durchaus möglich.

~

„Geschehen Dettingen, den 21ten Dezember 1902
Vor dem Gemeinderath

Berathungsgegenstand
Die Wasserabgabe an Richard Straub, Schmied dahier betr.

Beschluß
Auf das Gesuch des Richard Straub um Benützung der Wasserleitung zum Zwecke des Betriebs seines Blasebalges stellt der Gemeinderath die Zusage unter der Bedingung

1. Daß die Benützung der Wasserabnahme keine Beeinträchtigung bringt.
Falls das Wasser auch zu landwirtschaftlichen Zwecken wie z.B. Dreschmaschinen oder Futterschneiden und Brechmühlen benutzt werden, sollte
2. vorbehaltlich der Genehmigung des Bürgerausschußes durch Leistung eines jährlichen Wasserzinses, der sich nach Höhe des Verbrauchs richten soll;
jährliche Mindesttaxe wenigstens 20 M.

Der Gemeinderath: Heckler Bürgermeister
Bernhard Maurer Johann Schroff Adam Hamm
Valentin Straub Josef Fuchs Baptist Späth
Vogel Rathschreiber"

~

„Geschehen Dettingen, den 29ten November 1903
Vor dem Gemeinderath

Berathungsgegenstand
I. Die Entschädigung für die Durchlassung der Wasserleitung Wallhausen betreff.

Beschluß
Es wird den Grundstücksbesitzern im Ortsweiler Wallhausen für die Durchfahrt der allgemeinen Wasserversorgung nach Übereinkommen vom 21ten November eine einmalige Entschädigung für die Durchlassung und Bewilligung der Grundstückslast zum Eintrag ins Grundbuch aus der Gemeindekasse bewilligt.

II. Der Brunnenmeisterdienst in Wallhausen betreff.
Beschluß
Der Brunnenmeisterdienst im Weiler Wallhausen wird Pius Gieß gegen eine jährliche Entschädigung mit 20 Mark bestellt.

Der Gemeinderath: Heckler Bürgermeister
Bernhard Maurer Josef Fuchs Baptist Späth Valentin Straub
Johann Schroff Adam Hamm
Vogel Rathschreiber"

Anmerkung:
So hatten jetzt auch die Wallhauser ihre zentrale Wasserversorgung.

~

„Geschehen Dettingen, den 23ten Mai 1904
Vor dem Gemeinderath

Berathungsgegenstand
Die Schuldentilgung für die Wasserleitung betreff.

Beschluß
Die Schuldentilgung für die Wasserleitung soll vorbehaltlich der Genehmigung des Bürgerausschußes in 20 Jahren geschehen.

Der Gemeinderath: Heckler Bürgermeister
Bernhard Maurer Baptist Späth Adam Hamm Johann Schroff
Valentin Straub
Vogel Rathschreiber"

Anmerkung: Der Bürgerausschuss stimmte zu.

~

„Geschehen Dettingen, den 28. September 1919
Vor versammeltem Bürgerausschuß
Unter Vorsitz von Bürgermeister Heckler

Zur Beratung und Beschlussfassung über:
Die Einleitung weiterer Wasserquellen für Wallhausen aus dem Domänenärarischen Wald (Anmerk.: Staatswald) **Eulenbach mit einem Kostenaufwand von zirka 24000 Mark."**

Anmerkung:
Alle 40 Mitglieder des Bürgerausschusses stimmten dem Beschlussantrag zu. Wallhausen litt seit langem in trockenen Jahren an Wassermangel.

~

„Geschehen Dettingen, den 10. Juli 1921

In Gegenwart des Bürgermeisters und Gemeinderat

Beratungsgegenstand
Gesuch der Landwirte Kohler und Braunbarth

Beschluß
Dem Gesuche kann nicht entsprochen werden, der Gemeinderat gestattet, daß sie ihr nötiges Trinkwasser von der Wasserleitung Wallhausen und für das Vieh vom See holen können, wie es momentan noch mehrere Gemeinden machen müssen.

Der Gemeinderat: Heckler Bürgermeister
Josef Fuchs Valentin Straub Adolf Hamm Heinrich Späth
Julius Schroff J. Baptist Okle
Karl Heckler Ratschreiber"

Anmerkung:
Die beiden Antragsteller waren die Bewirtschafter des Ziegelhof.
Die hofeigene Wasserversorgung lieferte in diesem extrem trockenen Sommer wohl zu wenig Wasser.
Welcher Antrag gestellt wurde ist zwar nicht bekannt, aber es darf vermutet werden, dass um den Anschluss an die Wallhauser Wasserleitung ersucht wurde.

~

„Geschehen Dettingen, den 6. November 1925
In Gegenwart des Bürgermeisters und Gemeinderat

Beratungsgegenstand
Erhebung des Wasserzinses für 1925

Beschluß
Der Wasserzins für 1925 wird wie folgt festgesetzt.

Der erst Hahnen 3Mark, der zweite bis 5 Hahnen je 1Mark und jeder weitere Hahnen 3 Mark.

Auf Vorlesen genehmigt und unterschrieben
Der Gemeinderat: Bürgermeister Okle
Adolf Hamm Adolf Bossart Richard Späth Johann Hornstein
Julius Demmler Josef Demmler
K.Heckler Ratschreiber"

~

„Geschehen Dettingen, den 27. September 1927
In Gegenwart Bürgermeister Okle, Gemeinderat

Beratungsgegenstand
Erstellung eines neuen Brunnentroges beim Gasthaus zum Kreuz

Beschluß
Der Brunnentrog beim Gasthaus zum Kreuz soll nach der Zeichnung von Ferdinand Kaibach vergeben werden.
Die Erstellung soll öffentlich vergeben werden, nach den vorhandenen Angebotsformularen.

Nach Vorlesen genehmigt und unterschrieben
Der Gemeinderat Okle Bürgermeister
Richard Späth Felix Kaibach Lambert Heckler Josef Müller
Johann Hornstein Julius Demmler
K. Heckler Ratschreiber"

~

Bild: Der neue Brunnen von Ferdinand Kaibach.
Hier mit „Säulen“ erweitert und geschmückt für ein Sportfest in den 1950er Jahren. (Bild: Barbara Allgaier-Brodmann)

„Geschehen Dettingen, den 27. November 1932
In Gegenwart: Bürgermeister Okle, Gemeinderäte

Beratungsgegenstand
Wassereinschränkung betr.

Beschluß
Der Gemeinderat nimmt Kenntnis davon, daß zur Zeit das Wasserreservoir nicht genügend Wasser besitze, es wird deshalb beschlossen, die laufenden Brunnen zu schließen, bis der erforderliche Wasservorrat wieder erreicht ist.

Nach Vorlesen genehmigt und unterschrieben
Okle, Bürgermeister

Julius Demmler   Lambert Heckler   Josef Demmler   Adolf Hamm
Konrad Schroff   Johann   Roth
Julius Assfahl Ratschreiber"

Anmerkung:
Da die Brunnen auch als Viehtränke benutzt wurden, brachte diese Maßnahme viele Landwirte sicher in große Schwierigkeiten.

~

„Geschehen Dettingen, den 22. Februar 1933
In Gegenwart Bürgermeister Okle, Gemeinderäte

Beratungsgegenstand
Vergrößerung des Hochbehälters der Wasserversorgung Dettingen

Beschluß
Der Gemeinderat beschließt die Vergrößerung des Hochbehälters der Wasserversorgung Dettingen von 60 auf 130 cbm nach den Plänen des Wasser- und Straßenbauamtes Konstanz vom 25.6. 1928 mit einem seinerzeitigen Kostenvoranschlag von 5000 RM durchzuführen unter der Bedingung, dass der Kostenaufwand sich durch die z. Zt. gesenkten Material – und Ausführungskosten um mindestens 20 – 25% ermäßigt, die Arbeit als öffentliche Notstandsarbeit anerkannt wird und die erforderlichen Mittel z.T. als verlorener Zuschuß, z.T. als Landes- und Reichsdarlehen zur Verfügung gestellt werden.

Nach Vorlesen genehmigt und unterschrieben
Okle Bürgermeister
Julius Demmler   Johann Roth   Josef Demmler   Konrad Schroff
Lambert Heckler   Adolf Hamm

Assfahl Ratschreiber"

Anmerkung:
Es handelte sich um die Vergrößerung des heute noch vorhandenen Wasserreservoirs oberhalb des Friedhofs.

~

„Geschehen Dettingen, den 3. Juni 1933
In Gegenwart: Gemeinderäte

Beratungsgegenstand
Betr. Einstellung von Arbeitern zum Bau des Hochbehälters der Wasserversorgung Dettingen

Beschluss
Der Gemeinderat nimmt Kenntnis von einem Schreiben des Arbeitsamtes Konstanz, wonach zur genannten Arbeit nur Arbeitslose, die das Arbeitsamt Konstanz vermittelt, eingestellt werden sollen.
Der Gemeinderat beschließt, daß wir gewillt sind, die in unserer Gemeinde befindlichen und tauglichen Arbeitslosen restlos zu verwenden. Auf alle Fälle dürfen keine fremden Arbeiter durch das Arbeitsamt vermittelt werden, eher ziehen wir das Projekt zurück.

Nach Vorlesen genehmigt und unterschrieben
Der Gemeinderat:
Konrad Schroff Adolf Hamm Wilhelm Maurer Lambert Heckler
Jul. Assfahl Ratschreiber"

Anmerkung:
Es war die Notzeit mit über 6 Millionen Arbeitslosen.

Man hat sich wohl geeinigt: Das Projekt wurde nicht zurückgezogen; die Erweiterung des Reservoirs war im Spätherbst abgeschlossen.
Es wurde erst im Jahre 1976 durch den Bau des Hochbehälters auf dem Duttenbühl ersetzt.

~

Straßenbau Dettingen – Hegne 1903

Eigentlich müsste man annehmen, dass eine Straßenverbindung zwischen Dettingen und Hegne schon seit Jahrhunderten bestanden hat. Doch dem ist nicht so.
Als Partner auf gleicher „Augenhöhe“ von Dorf zu Dorf spielte Dettingen für Hegne wohl keine Rolle; das Schloss als Sommerresidenz für die Konstanzer Bischöfe ab dem Ende des 16. Jahrhunderts, dann nach wechselvoller Geschichte ab 1892 als Provinzhaus der Barmherzigen Schwestern vom Heiligen Kreuz war wohl eine zu vornehme Nachbarschaft.
Erst mit dem Anschluss von Hegne an die Eisenbahn im Jahre 1891 wurde die Verbindung nach Hegne für Dettingen interessant, wie im Protokoll der Ortsbereisung der Gemeinde Dettingen vom 20. Oktober 1896 vermerkt:

„...Etwa 4 junge Männer im Alter von 17 bis 20 Jahren beschäftigen sich fortwährend als Maurer in Konstanz, wohin sie täglich teils mit Fahrrädern, teils mit der Eisenbahn von der Station Hegne aus fahren.
Der Gemeinderat hält es für zwingend wünschenswert, dass eine direkte gute Wegverbindung zwischen Dettingen und Hegne hergestellt werde, wo bis jetzt nur ein ungeordneter, durch Sümpfe und Moor führender, fast ungangbarer Fußweg bestehe.
Durch die Anlage würde der Verkehr nach Konstanz wesentlich erleichtert werden, und es könnten dann mehr junge Leute in die Fabriken nach Konstanz gehen und bares Geld in den Haushalt ihrer Familien bringen.
Auch für den Fremdenverkehr wäre dieser Weg von großer Bedeutung, da die Linie Hegne – Dettingen – Wallhausen wohl als die kürzeste und schönste zu Lande nach dem Wallhausen, Bodman und der Ruine Kargegg gelten muß.
Außer der Gemeinde Dettingen hat noch die Gemeinde Reichenau und die Großhzgl. Domäneverwaltung ein Interesse an dieser Wegherstellung.“

Anmerkung:
Reichenau und die Domäneverwaltung hatten und haben bis heute großen Grundbesitz im Einzugsbereich dieser Straße.

~

„Geschehen Dettingen, den 17ten Oktober 1897

Vor dem Gemeinderath

Berathungsgegenstand:
Die Erstellung eines Fußweges zwischen Dettingen und Hegne

Beschluß
In dem unterm 23ten September d.J. vorgelegten Plan und Kostenberechnung ist der Gemeinderat Dettingen geneigt, dem neuen Wegprojekt beizutreten, vorbehaltlich der Zustimmung des Bürgerausschuß und zwar zahlt die Gemeinde Dettingen an dem zugewiesenen Kostenüberschlag mit 372 Mark den Betrag mit 200 Mark und zwar aus folgenden Gründen:
Es ist der neu zu erstellende Weg nicht nur allein für Dettingen von Werth, deshalb wäre es nur billig und recht, dass der Kreis den Rest übernehmen oder die Gemeinden Reichenau, Hegne und Hegne Schloß sollen den Betrag decken.

Der Gemeinderath: Heckler Bürgermeister
Adam Hamm Johann Urnau Jgnaz Hornstein alt Johann Schroff
Bernhard Maurer
Rathschreiber Vogel"

~

„Geschehen Dettingen, den 3ten Dezember 1898

Vor dem Gemeinderath

Berathungsgegenstand
Die Beitragsleistung der Gemeinde Hegne zu dem Verbindungsweg Dettingen, Hegne

Beschluß
Der Gemeinderath stellt sich mit dem Betrag der Gemeinde Hegne, welche aus 40 Mark zu obiger Wegerstellung zugesichert hat zufrieden, wenn der Kreis zur Erstellung des Weges ebenfalls einen Beitrag leistet und das Domäneamt Konstanz die Straße über ihr Gelände durchführt.

Der Gemeinderath Heckler Bürgermeister
Baptist Späth II Bernhard Maurer Johann Urnau
Johann Schroff
Rathschreiber A. Vogel"

~

„Geschehen Dettingen, den 16ten Februar 1902

Vor dem Gemeinderath

Berathungsgegenstand
Die Herstellung eines Verbindungsweges Dettingen, Hegne betr.

Beschluß
Die Gemeinde Dettingen ist gerne bereit, die auf ihrer Gemarkung zu erbauende Verbindungsstrecke Dettingen Hegne von dem ärarischen (=Domäne) Grundstück bis Reichenauer Grenze auf

eigene Kosten ohne Leitung der technischen Behörde ausführen zu lassen.
Der Gemeinderath Heckler Bürgermeister
Adam Hamm Baptist Späth Bernhard Maurer Johann Schroff
Valentin Straub Josef Fuchs
Rathschreiber A. Vogel"

Anmerkung:
Über drei Jahre lang tat sich in der Sache sehr wenig. Das Problem bei diesem Straßenprojekt war, dass die Trasse zweckmäßiger Weise auf dem Grundbesitz von vier verschiedenen Eigentümern verlaufen sollte: Staatsdomäne, Gemeinden Dettingen, Reichenau und Hegne.

~

„Geschehen Dettingen, den 14ten Juni 1903

Vor dem Gemeinderath

Berathungsgegenstand
Die Herstellung des Weges Dettingen, Hegne betreff.

Beschluß
Grh. Domäneamt wird berichtet, dass wir das angebotene Überkiesungsmaterial mit etwa 80 Kubik mt. auf die neu erstellte Strecke Nägelried (Anmerkung: Teilstück der Straße nach Hegne**) dankend annehmen, und werden die Überkiesung sobald die Witterung günstig ist ausführen.**
Anläßlich der nassen Witterung finden wir für nöthig, den Weg gegen die Reichenauergrenze abzusperren, indem die Fahrbahn beschädigt würde. Auch wird sich die Gemeinde Reichenau dann eher entschließen, die fragliche Wegstrecke in Angriff zu nehmen, ebenso wird sich die Gemeinde Hegne eher entschließen können,

einen Beitrag zu leisten, falls von Seiten des Kreises kein Beitrag geleistet werden sollte.

Der Gemeinderath Heckler Bürgermeister
Bernhard Maurer Baptist Späth Johann Schroff Valentin Straub
A. Vogel Rathschreiber"

~

„Geschehen Dettingen, den 22. August 1909
Vor dem Gemeinderat

Beratungsgegenstand

Der Verbindungsweg Hegne, Dettingen betreff.

Beschluß
Nach Bericht des Grhzgl. Bezirksamtes könnte der Verbindungsweg Hegne Dettingen in Kreisfürsorge übernommen werden, wenn die betreffenden Gemeinden den Weg zuerst vollständig herstellen. Es soll daher mit den beteiligten Gemeinden zuerst Rücksprache über die Angelegenheit genommen werden.

Der Gemeinderat Heckler Bürgermeister
Baptist Späth Adam Hamm Josef Fuchs Valentin Straub
Julius Schroff
A. Vogel Ratschreiber"

Anmerkung:
Abschließend zu dieser für Dettingen wichtigen Wegeverbindung noch ein Auszug aus dem Protokoll der Ortsbereisung vom Jahre 1912:

„Mit dem Zustand des Verbindungsweges Dettingen – Hegne ist man (d.h. die Gemeinde) zufrieden. Derselbe wurde 1904 teilweise verbessert und überkiest und genügt seitdem für den geringen Fuhrverkehr. Das Anerbieten des Kreises, den Weg nach Vornahme von Verbreiterungen und weiteren Verbesserungen in Kreisfürsorge zu übernehmen, wurde 1909 von den beteiligten Gemeinden Reichenau und Hegne wegen zu hoher Kosten abgelehnt. Auch in Dettingen hat man jetzt kein Verlangen mehr, die Übernahme des Weges in Kreisfürsorge herbeizuführen, da er seinen Zweck als Verbindungsweg auch in seinem jetzigen Zustand durchaus erfülle."

Dabei ist es seitdem geblieben; die Straße ist immer noch in der Fürsorge von Dettingen (Konstanz), Reichenau und Hegne (Allensbach).

~

Schulhausneubau 1912

Im Jahre 1844 wurde an der Stelle des damals abgebrochenen Gemeindehauses ein Rat- und Schulhaus gebaut.
Es handelte sich um das jetzige – wenn auch nach etlichen Umbauten und Ausbauten – bestehende Rathaus.
Im Laufe der Jahrzehnte entsprachen die Räumlichkeiten und der Bauzustand des 1844 errichteten Gebäudes nicht mehr den Erfordernissen eines Schulhauses.

Auch im Umfeld des Hauses herrschten teilweise unhaltbare Zustände.
Die Gemeinde versuchte, durch Verbesserung der Verhältnisse im und um das Rat – und Schulhaus einen kostenaufwändigen Schulhausneubau zu vermeiden.
Mit einem Vorbau – einer Treppe – sollte das Haus auch von der Vorderseite her zugänglich gemacht werden, um den Hinterhof (Schulhof) von einigen Unzumutbarkeiten zu befreien.

„Geschehen Dettingen, den 8ten September 1900
Vor dem Gemeinderath

Berathungsgegenstand
Die Erstellung eines Vorbaues am Rathaus dahier betreffend

Beschluß
Es soll eine weitere Kostenberechnung nach altem Stil aufgestellt werden.

Der Gemeinderath Heckler Bürgermeister
Bernhard Maurer Jgnaz Hornstein I. Johann Schroff
Johann Urnau Baptist Späth
Rathschreiber A. Vogel"

~

**„Geschehen Dettingen, den 7ten Oktober 1900
Vor dem Gemeinderath**

**Berathungsgegenstand
Die Vergebung der Arbeiten mit Materiallieferung zur Freitreppe am Schul – und Rathause dahier betr.**

**Beschluß
Nach Eröffnung der Submissionsangebote vom 3ten Oktober d.J. wird dem Albert Fuchs Maurermeister in Litzelstetten auf sein Angebot für das Ganze mit 1650 Mark überlassen.**

**Der Gemeinderath Heckler Bürgermeister
Adam Hamm Bernhard Maurer Baptist Späth Johann Schroff
Rathschreiber A. Vogel"**

Anmerkung:
Die Freitreppe wurde gebaut; mit ihr konnte das Haus auch von der Straßenseite her betreten werden. Die Verhältnisse wurden dadurch aber nicht entscheidend verbessert.

Im Protokoll der Ortsbereisung vom 4. November 1904 ist dazu vermerkt:
**„... Das Schul- und Rathaus kann auf die Dauer durchaus als nicht genügend für die Dettinger Verhältnisse angesehen werden.
... Die Abortanlagen für die Schulkinder sind vollständig ungenügend. Im Schulhof** (Anmerkung: hinter dem Rat- und Schulhaus) **ist ein Dunghaufen ohne jede Einfassung, so daß bei Regenwetter die Jauche direkt nach dem Schulhause zu abläuft und dort versickert.
... Es wäre wünschenswert, wenn die Gemeinde keine größeren Opfer mehr für Umänderungen dieses Hauses bringen würde, da ein Neubau auf die Dauer nicht zu umgehen sein wird. ..."**

Bild: Freitreppe am Rathaus (1964)
(Bild: Helmut Schulter)

Die sehr dekorative Freitreppe musste in den 1970er Jahren leider der aus Verkehrsgründen verbreiterten Hauptstraße weichen.

~

„Geschehen Dettingen, den 21. Mai 1905
Vor dem Gemeinderat

Beratungsgegenstand
Der Schulhausbau betreff.

Beschluß
1. Müßte das unentbehrliche Oekonomiegebäude enthaltend Spritzenhaus, Arrest, Waaglokal und Holzremise abgebrochen werden.

2. Findet es der Gemeinderat für ganz unzutreffend, daß ein neues Gebäude, welches auf zirka 25000 Mark zu stehen kommt, in einen Winkel eingebaut werde, wo den Sanitätsvorschriften nicht

entsprochen ist. (Anmerkung: Gemeint ist der Platz hinter dem Rat- und Schulhaus)

Als Bauplatz schlägt der Gemeinderat vor

1. **Den Garten bei der Pfarrkirche, Eigentum des Bernhard Maurer.**
2. **Ein gleiches Grundstück an der Straße nach Allensbach von Maurer und Demler.**
3. **Ein Ackerteil der Gemeinde Dettingen.**

Der Gemeinderat: Heckler Bürgermeister
Bernhard Maurer Baptist Späth Johann Schroff
Valentin Straub Josef Fuchs
A.Vogel Ratschreiber"

~

„Geschehen Dettingen, den 15. Juli 1907
Vor dem Gemeinderat

Beratungsgegenstand
Den Schulhausbau betreff.

Beschluß
Der Gemeinderat stellt den Antrag, mit dem endgültigen Beschluß der Schulhausfrage bis nach dem 5. August bzw. Versteigerung des Roth´schen Wohnhauses zuzuwarten.
Der Gemeinderat wird von einem Ankauf über 10000 Mark voraussichtlich kein Gebrauch machen. Sollte das Haus um 10000 Mark erhältlich sein, so wäre der Gemeinderat der Ansicht, daß dasselbe zu Lehrerwohnungen angekauft und die Schulsäle im alten Zustand belassen werden.
Es sind offenbar noch viel geringere und anspruchlosere Schulhäuser in Baden als dieses in Dettingen.

Der Gemeinderat: Heckler Bürgermeister
Bernhard Maurer Baptist Späth Adam Hamm Johann Schroff
Valentin Straub

A.Vogel Ratschreiber“

~

„Geschehen Dettingen, den 11. September 1907

Beratungsgegenstand
Den Schulhausbau betreff.

Beschluß
Nach dem der Gemeinde der Ankauf des Roth´schen Wohnhauses durch den Grhzgl. Oberschulrat unmöglich gemacht wurde, so stellt der Gemeinderat den Antrag, in Erwägung verschiedener Gründe den Schulhausneubau auf 10 Jahre zu verschieben.
Die Gründe werden unten angezeigt.

An Grhzgl. Bezirksamt Konstanz

Volksschule in Dettingen betreff.

Grhzgl. Bezirksamt teilen wir auf die Verfügung vom 15. Juli d.J., das Schulhaus in Dettingen betreff., ergebenst mit.
Nachdem auf letztgenannte Verfügung der Ankauf des Roth´schen Wohnhauses zu Lehrerwohnungen unmöglich gemacht wurde, obwohl dasselbe sich zu Lehrerwohnungen hätte dienlich gemacht werden können, daß der Gemeinderat die Bitte stellt man wolle einen Neubau noch auf 10 Jahre verschieben, indem die Mißstände zum größten Teil im Schulhaus beseitigt sind.

1. Es ist die Viehwaage beseitigt und stört den Unterricht nicht mehr.
2. Die Küferei ist abgegangen und verursacht auch keine Störung mehr.
3. Die Landwirtschaft wird bei Nachbar Aßfahl nicht mehr betrieben, dadurch keine
Belästigung wegen der Dunglage und Jauchegrube.

Die Holzauflagerung wird ebenfalls verschwinden, weil der Handel nicht mehr wie bisher betrieben wird.
Die Schulsäle genügen noch gut ihrem Zweck auf 10 Jahre, denn nach der letzten Volkszählung hat die hiesige Einwohnerschaft um 13 Seelen seit der Volkszählung 1905 abgenommen. (...)
In Erwägung all dieser der Schule und dem Hauptlehrer günstigen Verhältnissen sollte man die Gemeinde Dettingen nicht mit Gewalt in die Schulden hinein stürzen, denn die Verhältniße der Bürgerschaft sind nicht die rosigsten.
Durch einen im Jahre 1905 angemeldeten Konkurs sind 10 hiesige Bürger in schwere Mitleidenschaft gezogen worden, indem sie wegen Bürgschaft bezahlen mußten. Es ist bereits nachgewiesen, daß ein Bürger infolge der Bürgschaftszahlung mit 800 Mark in Schwermut verfiel und sich das Leben nahm von 7 noch unmündigen Kinder und so haben wir leider noch viele Bürger, welche alle in eine Bürgschaftskette ineinander verbunden sind, so daß wenn noch mehr fallen, die Armenlast für die Gemeinde eine sehr große werden kann.
(...)

Der Gemeinderat kann nicht anderes, als mit noch mehr Schulden machen zurück halten, denn ihm würde die Schuld zur Last gelegt, falls ein allgemeiner Ruin der schon schwer genug belasteten Bürger und Einwohner herbei geführt würde.
Sollte dem Wunsch und der Bitte des Gemeinderats nicht entsprochen werden und die Entscheidung dem Bezirksrat anheim

gestellt werden, so bitten wir auch den verehrt. Bezirksrat, zuerst die Interessen der Bürger und Einwohnerschaft zu erwägen.

Dettingen, den 12. September 1907
Der Gemeinderat

Heckler Bürgermeister
Bernhard Maurer Adam Hamm Johann Schroff
Valentin Straub Josef Fuchs
A. Vogel Ratschreiber"

Anmerkung:
Ein dramatischer Appell des Gemeinderates.
Für Maßnahmen zur Verbesserung der örtlichen Infrastruktur gab es kaum öffentliche Zuschüsse.
Die finanziellen Mittel mussten durch die Bürger und Einwohner in Form von Umlagen (Gemeindesteuern) aufgebracht werden.

~

„Geschehen Dettingen, den 18. Februar 1908
Vor dem Gemeinderat

Beratungsgegenstand
Die Verbesserung der Schulräume betreff.

Beschluß

Nach dem Beschluß des Grhz. Oberschulrates, wonach die Lehrerwohnung und Schulräume verbessert werden sollen, um womöglich einen Schulbau zu vermeiden, stellt der Gemeinderat den Antrag, ob der Lehrerwohnung nicht entsprochen wäre, wenn

vom Ratszimmer die größere Hälfte abgetreten würde, damit noch ein anständiges Ratszimmer vorhanden wäre.
Die Abortanlage müsste durch einen Abortanbau am bestehenden Gebäude aus dem Hause entfernt werden, so daß ein freier Raum zu einem Stiegenhaus erübrigt würde, das Unterlehrerzimmer könnte dann als Grundbuchraum verwendet werden, der Schülerabort würde auf dem freien Platz beim Oekonomiegebäude erstellt.

Der Gemeinderat: Heckler Bürgermeister
Baptist Späth Johann Schroff Valentin Straub Josef Fuchs
A. Vogel Ratschreiber"

Anmerkung:
Wieder ein verzweifelter Versuch, den Schulhausneubau zu vermeiden.

~

„Geschehen Dettingen, den 22. August 1909
Vor dem Gemeinderat

Beratungsgegenstand
Den Schulhausbau betreff.

Beschluß

Laut Verfügung Grhz. Bezirksamt vom 20. d.M. stellt der Gemeinderat den Antrag, es sollen alle weiteren Kosten zur Verbesserung der Raumverhältnisse vermieden werden, da die Baufrage durch den Bezirksrat so entschieden wurde, wie Grhz. Oberschulrat beantragt, wenn doch auf die bürgerlichen Verhältnisse keine Rücksicht genommen wird.

Der Gemeinderat: Heckler Bürgermeister
Bernhard Maurer Baptist Späth Valentin Straub
Julius Schroff Josef Fuchs
A. Vogel Ratschreiber"

~

„Geschehen Dettingen, den 8. September 1909
Vor dem Gemeinderat

Beratungsgegenstand
Den Schulhausbau dahier betreff.

Beschluß
Nachdem vom Bezirksrat unterm 7. September d.J. der Beschluß zum Schulhausbau gefaßt wurde, am 7. d.M. die beantragte Frist, den Schulhausbau auf zehn Jahre zu verschieben nicht stattgegeben werden konnte und der Gemeinde die Erstellung zweier Schulsäle zur Auflage gemacht ist, so stellt der Gemeinderat sich mit dem Beschluß einverstanden und verzichtet auf den Rekurs (Anmerkung: Widerspruch**).**

Der Gemeinderat: Heckler Bürgermeister
Bernhard Maurer Adam Hamm Josef Fuchs Valentin Straub
Julius Schroff Baptist Späth"

Anmerkung:
Damit hat die Gemeinde ihren Kampf gegen den Neubau einer Schule nun endgültig verloren.

~

„Geschehen Dettingen, den 3. Juli 1910
Vor dem Gemeinderat

Beratungsgegenstand
Ankauf eines Bauplatzes zum Schulhausbau betreff.

Beschluß
Am 4. Juli soll der Kaufvertrag mit Josef Demmler notariatisch abgefasst werden zum Preis von 4000 M., zahlbar wie der Verkäufer verlangt.
Fläche 11 Ar 63 qm.

Der Gemeinderat: Heckler Bürgermeister
Bernhard Maurer Baptist Späth Adam Hamm Julius Schroff
A.Vogel Ratschreiber"

Anmerkung:
Damit war der Platz für den Standort der Schule so gewählt, wie er damals schon vom Gemeinderat in der Sitzung am 21. Mai 1905 in Vorschlag gebracht wurde, „an der Straße nach Allensbach", dem noch heutigen Standort.

~

„Geschehen Dettingen, den 30. Oktober 1910
Vor dem Gemeinderat

Beratungsgegenstand
Der Schulhausneubau betreff.

Beschluß
Der Bezirksbaukontrolleur Finus soll beauftragt werden, den Neubau zur Ausführung auszuschreiben.

Der Gemeinderat: Heckler Bürgermeister
Baptist Späth Josef Fuchs Valentin Straub
Gebhard Dullenkopf Julius Schroff"

~

„Geschehen Dettingen, den 20. November 1910
Vor dem Gemeinderat

Beratungsgegenstand
Die Geldaufnahme zum Schulhausbau betreff.

Beschluß
Zwecks der Geldaufnahme zum Schulhausbau soll bei der Grhz. Versorgungsanstalt in Karlsruhe angefragt werden, ob ein Kapital von 40000 M. erhältlich ist.

Der Gemeinderat: Heckler Bürgermeister
Josef Fuchs Valentin Straub Julius Schroff Baptist Späth
A.Vogel Ratschreiber"

~

„Geschehen Dettingen, den 28. Mai 1911
Vor dem Gemeinderat

Bratungsgegenstand
Der Schulhausneubau betreff.

Beschluß
Nachdem der Schulhausneubau etwas langsam vor sich geht, machen wir dem Bauführer Architekt Finus die Mitteilung, daß der

Gemeinderat darauf besteht, daß das Schulhaus noch in diesem Jahr bezogen werden kann, sonst müßte der hinterhaltende Teil zum Ersatz pflichtig gemacht werden.

Der Gemeinderat: Heckler Bürgermeister
Baptist Späth J. Baptist Okle Josef Fuchs Valentin Straub
Julius Schroff Gebhard Dullenkopf
A.Vogel, Ratschreiber"

~

„Geschehen Dettingen, den 2. Juli 1911
In Gegenwart des Gemeinderats

Beratungsgegenstand
Die Vergütung für das Aufrichten des Schulhauses betr.

Beschluß
Nachdem Zimmerhandwerker beim Schulbau Aufrichten ein Geschenk mit je 3M. = 18 M. zugewiesen wurde, welche auf 6 Mann entfällt, so soll auch den Maurern, nachdem dieselben sich unzufrieden stellten, obwohl sie mit Aufrichten nicht beteiligt, ebenfalls eine Vergütung aus der Gemeindekasse zugewiesen werden mit 18 M.
Der Gemeinderat war nicht in der Lage aus verschiedenen Gründen, ein öffentliches Aufrichtfest zu geben.

Der Gemeinderat: Heckler Bürgermeister
Baptist Späth Josef Fuchs J. Baptist Okle
Gebhard Dullenkopf Julius Schroff"

~

„Geschehen Dettingen, den 6. Juli 1912
Vor dem Gemeinderat

Beratungsgegenstand
Übergabe des neuen Schulhauses und Feier des Großherzogtages

Beschluß
Die weltliche Feier des Großherzogtages soll am 14. d.M. abgehalten werden und soll zugleich das neue Schulhaus im Einverständnis mit dem Bezirksrat und Kreisschulamt sowie der Bauleitung übergeben werden.

Der Gemeinderat: Heckler Bürgermeister
Baptist Späth Josef Fuchs Valentin Straub Julius Schroff
J. Baptist Okle
A.Vogel Ratschreiber"

Anmerkung:
Es war ein langer und steiniger Weg bis zur Vollendung des Werkes.

Bild: Das 1912 erbaute Schulhaus um 1930
(Bild: Sammlung Helmut Gloger)

~

„Geschehen Dettingen, den 14. Juli 1912
Vor dem Gemeinderat

Beratungsgegenstand
I. Die Beschaffung zweier Kruzifixe in die neuen Schulsäle betreff.
Beschluß
Es sollen zwei neue Kruzifixe in die Schulsäle zum Preise von 34 Mark beschafft werden.

II. Die Beschenkung der Kinder zum Schulhausbezug betreff.
Beschluß

Es wird jedem Schüler zwei Würste und ein Brot auf Kosten der Gemeinde ausgeteilt.
Die Lieferung der Würste soll dem Anton Vogel, die der Brote dem Johann Hamm Bäcker übertragen werden.

III. Die Kosten der Schulhauseinweihung betreff.
Beschluß
Die Kosten der Schulhauseinweihung werden auf 200 Mark zur Ausgabe genehmigt.

Der Gemeinderat: Heckler Bürgermeister
Baptist Späth Josef Fuchs Valentin Straub J. Baptist Okle
Julius Schroff"

~

„Geschehen Dettingen, den 15. Dezember 1912
Vor dem Gemeinderat

Beratungsgegenstand
Die Abrechnung mit Architekt Finus in Radolfzell über den Schulhausbau betreff.

Beschluß
Der Kostenaufwand für den Schulhausbau wurde heute dem Gemeinderat vorgelegt.
Derselbe beträgt nach Berechnung des Architekten Finus
Insgesamt 35378 M. 23Pf.
Ferner wurden verausgabt für die Bauleitung im Jahre 1905 bis 1912 2670 M. 38 Pf.
Zusammen 38048 M. 61Pf.

Der Gemeinderat: Heckler Bürgermeister

Baptist Späth   Josef Fuchs   Valentin Straub   J. Baptist Okle
Julius Schroff   Gebhard Dullenkopf"

Anmerkung:
Eine beachtliche Leistung des Architekten, der einen Kostenvoranschlag von 40000 Mark vorgelegt hatte.

~

„Geschehen Dettingen, den 12. Januar 1913
Vor dem Gemeinderat

Beratungsgegenstand
Die Tilgung der erwachsenen Schulhausbauschulden an die Karlsruher Lebensversicherung betreff.

Beschluß
Die bei genannter Kasse aufgenommenen 40000 M. sollen vorbehaltlich der Genehmigung des Bürgerausschußes und Staatsgenehmigung in 40 Jahren getilgt werden einschließlich eines etwaigen Staatsbeitrages oder außergewönlicher Einnahmen.

Der Gemeinderat: Heckler Bürgermeister
Baptist Späth   Josef Fuchs   J. Baptist Okle   Julius Schroff
A.Vogel Ratschreiber"

Anmerkung:
Zum Abschluss des Kapitels „Schulhausbau 1912" noch ein Auszug aus dem Protokoll der Ortsbereisung durch das Bezirksamt Konstanz am 5. Dezember 1912:

„Schulhaus und Schule

Die seit 1904 im Vordergrund stehende Schulhausfrage ist nunmehr durch die Erstellung eines Schulhausneubaues auf der sogenannten Deichelwiese (an der Straße nach Allensbach) glücklich gelöst, nachdem vorher alle nur denkbaren Möglichkeiten versucht, erörtert und geprüft worden waren, um das alte Schulhaus geeignet zu verbessern.
Die Gemeinde hat zwar die Notwendigkeit eines Neubaues schon seit langem eingesehen, wollte aber damit im Hinblick auf die schlechten wirtschaftlichen Verhältnisse noch 10 Jahre zuwarten. Sie wurde dann aber, da die Missstände sowohl hinsichtlich des Schulraums und der Aborte, als auch hinsichtlich der Lehrerwohnung unhaltbar geworden war, auf Antrag des Oberschulrates durch den Bezirksrat zum sofortigen Neubau von zwei Schulsälen angehalten.
Für die Entschließung des Bezirksrates war dabei von Gewicht, dass im Erlass des Oberschulrates ein namhafter Staatsbeitrag in Aussicht gestellt wurde, und es wäre zu wünschen, daß dieser Staatsbeitrag nun nicht mehr ausbleibt. Denn die Belastung, welche der Gemeinde durch den Neubau entstand, ist eine bedeutende.
Mit Einweihung des neuen Schulhauses hat auch der neue Hauptlehrer seine Tätigkeit in der Gemeinde begonnen. Man hatte sogar mit der Schulhauseinweihung zugewartet, bis der frühere Hauptlehrer endlich wegversetzt war.
Mit seinem jetzigen Nachfolger Hauptlehrer Bogenschütz ist man sehr zufrieden.“

Kommentar:
Bei 38000 Mark Baukosten und 4000 Mark Grunderwerbskosten waren 4000 Mark Staatsbeitrag, den die Gemeinde dann erhielt, allerdings nicht gerade ein namhafter Betrag.

Aber die Gemeinde hat es verkraftet; die vom Gemeinderat befürchteten Zustände, im September 1907 gegenüber dem Bezirksamt geschildert, sind glücklicherweise nicht eingetreten.

~

1.Weltkrieg 1914 / 18

„Geschehen Dettingen, den 2. August 1914
Vor dem Gemeinderat

Beratungsgegenstand
I. Die Beschenkung der zum Kriegsdienst zugezogenen Militärpflichtigen und Einberufenen betr.
Beschluß
Es soll jedem der Einberufenen ein Geschenk aus der Gemeindekasse im Betrag von 5 Mark ausbezahlt werden.

II. Die Anschaffung des Schutzpersonals betr.
Beschluß
Den Schutz des Ortes übernimmt die freiwillige Feuerwehr unter Zuzug der Hilfsmannschaft von Dettingen und Wallhausen.

Der Gemeinderat: Heckler Bürgermeister
Josef Fuchs J. Baptist Okle Valentin Straub Julius Schroff
Gebhard Dullenkopf
A.Vogel Ratschreiber"

Anmerkung:
Ausbruch des 1.Weltkriegs.
Die Ortswache wurde am 4. Oktober wieder eingestellt.

~

„Geschehen Dettingen, den 21. September 1914
Vor dem Gemeinderat

Beratungsgegenstand

I. Die Familienunterstützung betr.
Beschluß
Die unterm 13. August vom Grhz. Bezirksamt genehmigte Unterstützung des Fridolin Brauchli, Alfred Dullenkopf, Konrad Heckler, Julius Aßfahl, Alban Ehard, Adolf Hamm, Heinrich Späth, Matheus Hamm, Paul Beirer, Hermann Kaibach, Georg Roth und Julius Welte werden der Gemeindekasse in Ausgabe zugewiesen.

II.Die Aufnahme von Geld zur vorläufigen Deckung der Familienunterstützung betr.
Beschluß
Es soll zur Deckung obigen Zweckes 1000 M. bei der Bezirkssparkasse Reichenau am Grundstock erhoben werden.

Der Gemeinderat: Heckler Bürgermeister
J. Baptist Späth Josef Fuchs J. Baptist Okle Valentin Straub Julius Schroff
A.Vogel Ratschreiber"

Anmerkung:
Es gab eine gesetzlich festgelegte Familienunterstützung für einberufene Familienväter. Sie wurde von den Gemeinden vorschüsslich ausbezahlt und betrug monatlich für die Ehefrau und jedes Kind je 9 Mark; das war an der Armutsgrenze.
Auch die Gemeinden mussten einen Beitrag dazu leisten.
Jeder Unterstützungsfall musste vom Bezirksamt genehmigt werden.

~

„Geschehen Dettingen, den 21. Oktober 1914
Vor dem Gemeinderat

Beratungsgegenstand
Die Kollekte für die eingezogenen Militärpflichtigen betr.

Beschluß

Nachdem kalte Witterung eingetreten ist, hat der Gemeinderat beschlossen, für die im Felde stehenden und zu Kriegsdienst einberufenen Ortsbürger und Bürgersöhne eine Kollekte zur Beisteuerung von warmen Winterkleidern zu veranstalten.
Bei der stattgefundenen Kollekte sind gesammelt 272 Mark.
Dieselben werden verteilt wie folgt:
Diejenigen, die vor dem Feind in der Gefechtslinie stehen und gestanden sind

31 Mann zu je 6 M. macht 186 M.

Diejenigen, welche noch im Quartier sind

20 Mann zu 4 M. macht 80 M.

Für die zu Hause sind zwei Mann macht 6 M.
Die Gaben sollen an die Angehörigen gegen Bescheinigung morgen ausbezahlt werden.

Der Gemeinderat: Heckler Bürgermeister
J. Baptist Späth J. Baptist Okle Valentin Straub Josef Fuchs
Gebhard Dullenkopf Julius Schroff
A.Vogel Ratschreiber"

„Geschehen Dettingen, den 2. November 1914
Vor dem Gemeinderat

Beratungsgegenstand
Die Unterstützung weiterer Kriegsteilnehmer betreff.

Beschluß
Bevor der Ersatz von der Staatskasse nicht angewiesen ist, soll mit weiteren Unterstützungsanträgen zugewartet werden.

Der Gemeinderat: Heckler Bürgermeister
J. Baptist Späth Valentin Straub J. Baptist Okle Josef Fuchs
Julius Schroff
A.Vogel Ratschreiber"

~

„Geschehen Dettingen, den 29. November 1914
Vor dem Gemeinderat

Beratungsgegenstand
Geschenk an die Landsturmmänner I. Aufgebot

Beschluß
Den Landsturmmännern, welche am 2. Dezember einrücken, soll das Ortsgeschenk mit fünf Mark ausbezahlt werden.
Diejenigen, welche als untauglich wieder zurückkommen, haben dies wieder zu ersetzen.

Der Gemeinderat: Heckler Bürgermeister
J. Baptist Späth J. Baptist Okle Valentin Straub Josef Fuchs
Julius Schroff Gebhard Dullenkopf
A.Vogel Ratschreiber"

Anmerkung:
Landsturmmänner waren militärisch ausgebildete ältere Jahrgänge, aber auch die noch nicht militärisch ausgebildeten, jungen Militärdienstpflichtigen.

~

„Geschehen Dettingen, den 13. Februar 1915
Vor dem Gemeinderat

Beratungsgegenstand
Die Bestellung von Arbeitskräften für die Heu – und Fruchternte

Beschluß
Nachdem das Grhz. Bezirksamt nachfragt, ob landwirtschaftliche Arbeiter im Frühjahr nötig werden, so stellt der Gemeinderat den Antrag, daß zirka 25 Leute, welche in der Landwirtschaft bewandert sind, womöglich Leute, welche in Konstanz bei den Ersatzbataillone sind, in der Heu – und Getreideernte zu beschäftigen wären.

Der Gemeinderat: Heckler Bürgermeister
J. Baptist Späth Josef Fuchs Julius Schroff Valentin Straub
J. Baptist Okle"

~

„Geschehen Dettingen, den 17. März 1915
Vor dem Gemeinderat

Beratungsgegenstand
I. Die Sicherung der zukünftigen Ernte betr.

Beschluß
Nachdem der Gemeinderat von der Bezirksamtl. Verfügung Kenntniß genommen hat über den Erlaß des Grhz. Ministeriums vom 23. Februar ist der Ortsausschuß gebildet durch den Gemeinderat.
Vom Bezug von Sämaschinen wird Umgang genommen (Anmerkung: man verzichtet).

Dagegen wird auf Saatgut reflektiert, hauptsächlich auf Saatkartoffeln.
Auf fremde Arbeitskräfte, wie Kriegsgefangene, kann wegen den kleinen landwirtschaftlichen Betrieben nicht Gebrauch gemacht

werden, dagegen ist erwünscht, wenn aus der Garnisonsstadt Konstanz Leute zu Heu und Erntearbeiten erhältlich sind. Auch ist erwünscht, wenn die drei ältesten Schuljahre zur Arbeit verwendet werden und zwar auf Antrag des Ortsausschußes, ohne vorherige Genehmigung des Kreisschulamtes.

II. Die Genehmigung um Aussetzung des Schulunterrichts während der Unterrichtszeit zur Saatzeit betr.
Beschluß
Es soll das 6. und 7. Schuljahr bei Bedarf vom Schulunterricht befreit werden.

Der Gemeinderat: Heckler Bürgermeister
J. Baptist Späth Josef Fuchs Julius Schroff Valentin Straub
J. Baptist Okle
A.Vogel Ratschreiber"

Anmerkung:
Wie praktisch, dass der Gemeinderat gleichzeitig der Ortsausschuss, also die Genehmigungsbehörde war!

~

„Geschehen Dettingen, den 23. Januar 1916
Vor dem Gemeinderat

Beratungsgegenstand
Die Abgabe von Erdöl betr.

Beschluß
Mit der Abgabe des vorhandenen Erdöls soll zugewartet werden, bis eine weitere Lieferung eingetroffen ist.

Der Gemeinderat: Heckler Bürgermeister
J. Baptist Späth Josef Fuchs Valentin Straub Julius Schroff
J. Baptist Okle Gebhard Dullenkopf
A.Vogel Ratschreiber"

Anmerkung:
Viele Lebensmittel und wichtige Verbrauchsstoffe waren rationiert.
Erdöl war der Brennstoff für die Beleuchtung. Das elektrische Licht kam erst 5 Jahre später ins Dorf.

~

„Geschehen Dettingen, den 28. Januar 1916
Vor dem Gemeinderat

Beratungsgegenstand

I. Kapitalaufnahme der Gemeinde betreff.
Beschluß
Nachdem die Familienunterstützung der Kriegsteilnehmer durch die Wirtschaft (Anmerkung: durch den von der Gemeinde für das Jahr 1916 aufgestellten Wirtschaftsplan = Haushaltsplan**) nicht mehr länger gedeckt werden kann, ist die Gemeinde genötigt, zur Bestreitung dieser Auslagen ein Kapital von 10000 Mark aufzunehmen.**

II. Die Bildung der Kommission zur Messing und Kupferaufnahme betreff.
Beschluß
Die Kommission besteht aus dem Bürgermeister-Stellvertreter Baptist Späth, dem Ratschreiber Vogel und dem Gemeinderechner Heinrich Fuchs.

Der Gemeinderat: Heckler Bürgermeister

J. Baptist Späth   Josef Fuchs   Valentin Straub   Julius Schroff
J. Baptist Okle

A.Vogel Ratschreiber"

~

„Geschehen Dettingen, den 7. Februar 1916
Vor dem Gemeinderat

Beratungsgegenstand
Die Unterbringung der Kriegsgefangenen betreff.

Beschluß
Nachdem Martin Aichem und Fidel Fritschi (Anmerkung: von den Höfen Rohnhausen und Mühlhalden**) um Kriegsgefangene nachgesucht haben, außerdem noch weitere Landwirte nachgesucht haben, so tritt die Frage auf, wo die Leute unterzubringen sind.**
Da momentan kein Lokal zur Verfügung steht, um zur Frühjahrsarbeit Leute auf 1. März zur Verfügung zu stellen, so muß den Gesuchstellern Aichem und Fritschi überlassen bleiben, die gewünschten Kriegsgefangenen auf den Rohnhauser Hof zu verbringen.

Der Gemeinderat: J. Baptist Späth
Josef Fuchs   Valentin Straub   Julius Schroff
Gebhard Dullenkopf   J. Baptist Okle"

~

„Geschehen Dettingen, den 5. März 1916
Vor dem Gemeinderat

Beratungsgegenstand
Kriegsanleihe betr.

Beschluß
Wenn die Bezirkssparkasse Reichenau in der Lage ist, dem Armenfond von seiner Spareinlage mit Stand 28oo Mark den Betrag mit 1500 Mark als Kriegsanleihe abschreiben und auszahlen kann, so soll eine Kriegsanleihe mit 1500 Mark bei der 4. Kriegsanleihe gemacht werden.

Der Gemeinderat: Heckler Bürgermeister
J. Baptist Späth Josef Fuchs Valentin Straub Julius Schroff
J. Baptist Okle"

Anmerkung:
Um die riesigen Kriegskosten zu finanzieren, wurden von der Reichsregierung von Zeit zu Zeit sogenannte Kriegsanleihen aufgelegt. Das Volk - Privatpersonen, Kommunen, Betriebe usw. - sollten dem Staat das Geld zur Kriegsführung leihen mit der Zusage, es nach dem erwarteten siegreichen Kriegsende mit Zinsen zurück zu erhalten. Aber es kam bekanntlich ja anders. Insgesamt erhielt das Reich mit 9 Kriegsanleihen – die letzte im Oktober 1918 - dadurch fast 100 Milliarden Mark.

Die Gemeinde Dettingen hat ab der 4. Kriegsanleihe für alle folgenden Anleihen mit steigenden Beträgen gezeichnet; für die letzte mit 20.000 Mark aus der Gemeindekasse und 1000 Mark vom Armenfond.

Im Sog der Inflation 1922/23 wurden für die Spender die gezeichneten Beträge in Goldmark zu fast wertlosem Papiergeld.

~

„Geschehen Dettingen, den 16. April 1916
Vor dem Gemeinderat

Beratungsgegenstand
Die Bestreitung der Kosten für die Errichtung des Gefangenenlagers und der Wachmannschaft betr.

Beschluß
Die Herrichtung des Lagers, Mietzins für die Wachmannschaft und die Gefangenen übernimmt die Gemeinde.
Die Verköstigung und Lohn übernehmen die Quartierträger und wird vorschüßlich von der Gemeinde bezahlt.

Der Gemeinderat: Heckler Bürgermeister
J. Baptist Okle Julius Schroff Valentin Straub Josef Fuchs Gebhard Dullenkopf
A.Vogel Ratschreiber"

~

„Geschehen Dettingen, den 30. April 1916
Vor dem Gemeinderat

Beratungsgegenstand
Der Bezug von Fleisch betr.

Beschluß
Die Gemeinde Dettingen schließt sich dem Metzgermeister Hagmüller in Allensbach, Kommunalverband Konstanz – Land an. Familien, welche über 7 Köpfe über sechs Jahren haben, zwei Fleischkarten, Familien unter 7 Köpfen bekommen eine Fleischkarte.

Der Gemeinderat: Heckler Bürgermeister

J. Baptist Späth   Josef Fuchs   Valentin Straub   J. Baptist Okle
Julius Schroff   Gebhard Dullenkopf
A.Vogel Ratschreiber"

~

„Geschehen Dettingen, den 30. Juli 1916
Vor dem Gemeinderat

Beratungsgegenstand
Den Schutz der Gemüseländer betr.

Beschluß
Es wird zum Schutz der Gemüseländer dem Polizeidiener der Waldhüter als Hilfshüter zugestellt gegen eine Vergütung von 50 Pf. per Abend.
Der Feldhüter hat sich jeden Abend bis 10 Uhr aufzuhalten, bis er von der Hilfsmannschaft abgelöst wird.
Wer die Wachdienste nicht leisten will oder kann, soll an den Stellvertreter 80 Pf. bezahlen, da jeder Krautlandbesitzer zur Übernahme der Wache verpflichtet ist.

Der Gemeinderat: Heckler Bürgermeister
J.Baptist Okle   Valentin Straub   Julius Schroff   Josef Fuchs
Vogel Ratschreiber"

~

„Geschehen Dettingen, den 26. November 1916
Vor dem Gemeinderat

Die Ablieferung von Milch und Fett betreff.
Beschluß

Zur Feststellung des Milch und Fettquantums in hiesiger Gemeinde wird der Gemeinderat bestimmt, eine Kontrolle bei jedem Milcherzeuger vorzunehmen.
In Wallhausen ist die Milchausfuhr nach Dingelsdorf verboten.

Der Gemeinderat: Heckler Bürgermeister
J. Baptist Späth Josef Fuchs Valentin Straub Julius Schroff
Gebhard Dullenkopf J. Baptist Okle.
Vogel Ratschreiber"

~

„Geschehen Dettingen, den 24. Dezember 1916
In Gegenwart des Gemeinderats

Beratungsgegenstand
Die Verwendung des Pflegegeldes für die gefangenen hier untergebrachten Russen und Wachmannschaft betr.

Beschluß
Das für das Jahr 1916 bezahlte Pflegegeld für die Kriegsgefangenen und Wachmannschaft soll der Gemeindekasse verbleiben zur Deckung der Auslagen für Stellung und Herrichten des Wachlokals Arrest (Anmerkung: Die Arrestzelle im früheren Ökonomiegebäude hinter dem Rathaus**), sowie der Fahrgelder für die Hin – und Herbeförderung der Gefangenen vom Lager und ins Lager.**

Der Gemeinderat: Heckler Bürgermeister
J. Baptist Okle J. Baptist Späth Valentin Straub
Julius Schroff Josef Fuchs"

~

„Geschehen Dettingen, den 17. Juni 1917
Vor dem Gemeinderat

Beratungsgegenstand
Die Erhebung über die Anbauflächen betreff.

Beschluß
Die Ortseinwohner sind aufzufordern, daß jeder seine anbebauten landwirtschaftlichen Flächen an den bestimmten Terminen im Rathaus anzugeben hat.
Wer nicht erscheint, wird mit 1 Mark bestraft und außerdem vom Lebensmittelbezug ausgeschlossen.
Der Gemeinderat: Heckler Bürgermeister
J. Baptist Okle J. Baptist Späth Valentin Straub
Julius Schroff Josef Fuchs"

~

„Geschehen Dettingen, den 15. Juli 1917
Vor dem Gemeinderat

Beratungsgegenstand
Die Abgabe von Frühkartoffeln betr.

Beschluß
Wer im Besitz von Frühkartoffeln ist, wird hiermit aufgefordert, dieselben an den Kommunalverband abzuliefern, widrigenfalls denselben den fälligen Zucker vorbehalten wird.

Der Gemeinderat: Heckler Bürgermeister
J. Baptist Späth Valentin Straub Gebhard Dullenkopf
J. Baptist Okle Julius Schroff Josef Fuchs
A.Vogel Ratschreiber"

~

„Geschehen Dettingen, den 7. Oktober 1917
Vor dem Gemeinderat

Beratungsgegenstand
Die Kriegsanleihe betreff.

Beschluß
Die Gemeinde macht einen außerordentlichen Holzhieb mit 500 Festmetern zur Zeichnung der siebenten Kriegsanleihe.
Dafür soll die Schulhausbauschuld beziehungsweise Tilgung derselben bis auf weiteres zurückgestellt werden.
Mindestbeitrag 10.000 Mark.

Der Gemeinderat: Heckler Bürgermeister
J. Baptist Späth Josef Fuchs Valentin Straub J. Baptist Okle
Julius Schroff Gebhard Dullenkopf
Vogel Ratschreiber"

~

„Geschehen Dettingen, den 1. November 1917
Vor dem Gemeinderat

Beratungsgegenstand
Weihnachtsgeschenk für das Heer betreff.

Beschluß
Das Weihnachtsgeschenk für das Heer soll durch Kollekte aufgebracht werden.
Die Sammler sollen aus der Gemeindekasse mit je drei Mark vergütet werden.

Der Gemeinderat: Heckler Bürgermeister

J. Baptist Späth J. Baptist Okle Valentin Straub
Julius Schroff
Vogel Ratschreiber"

~

„Geschehen Dettingen, den 7. April 1918
Vor dem Gemeinderat

Beratungsgegenstand
Kriegsanleihe betreff.

Beschluß
Die Gemeinde zahlt zur achten Kriegsanleihe 20.000 Mark in Worten Zwanzigtausend Mark.

Der Gemeinderat: Heckler Bürgermeister
Josef Fuchs J. Baptist Späth J. Baptist Okle Julius Schroff
Gebhard Dullenkopf
Vogel Ratschreiber"

Anmerkung:
Solche Beschlüsse fielen dem Gemeinderat sicher sehr schwer; gerade wenn man bedenkt, dass sechs Jahre zuvor der Schulhausneubau unter schweren finanziellen Bedenken für 40.000 Mark gebaut wurde. Der Druck von „oben" auf die Gemeinden zur Zeichnung von hohen Kriegsanleihen war wohl sehr groß.

20.000 Mark waren eine riesige Summe, auch wenn dieser Betrag durch die schleichende Inflation im Vergleich zu 1914 „nur" noch 10.000 Mark wert war.

~

„Geschehen Dettingen, den 11. April 1918
Vor dem Gemeinderat

Beratungsgegenstand
Die Bildung eines Ausschußes zu Kriegsanleihe betreff.

Beschluß
Pfarrer und Gemeinderat werden von Haus zu Haus gehen und Umschau halten, wer Kriegsanleihe zeichnen will.

Der Gemeinderat: Heckler Bürgermeister
J. Baptist Späth Valentin Straub Julius Schroff
J. Baptist Okle Josef Fuchs
Vogel Ratschreiber"

~

„Geschehen Dettingen, den 2. Juni 1918
Vor dem Gemeinderat

Beratungsgegenstand
Die Ludendorffspende betreff.

Beschluß
Die Kollekte für die Ludendorffspende soll in hiesiger Gemeinde durch den Polizeidiener ausgeführt werden.

Der Gemeinderat:
Heckler Bürgermeister
J. Baptist Späth Valentin Straub J. Baptist Okle
Julius Schroff Josef Fuchs Gebhard Dullenkopf
Vogel Ratschreiber"

Anmerkung:
Schon wieder eine Kollekte zur Unterstützung der Kriegsführung!
Ludendorff war bekanntlich einer der „großen“ Heerführer im I. Weltkrieg.
Der Polizeidiener war um seine Aufgabe nicht zu beneiden.

~

„Geschehen Dettingen, den 13. Juli 1918
Vor dem Gemeinderat

Beratungsgegenstand
Die Vergütung an die Heerespflichtigen betr.

Beschluß
Es soll den Heerespflichtigen Konrad Kaibach und Franz Romer das Ortsgeschenk mit je 10 Mark ausbezahlt werden.

Der Gemeinderat: Heckler Bürgermeister
J. Baptist Späth J. Baptist Okle Valentin Straub
Julius Schroff Gebhard Dullenkopf Josef Fuchs“

Anmerkung:
Nach dem im Protokoll genannten Heerespflichtigen Franz Romer sind heute die Hauptstraße und die Sport – und Festhalle in Dettingen benannt.
Franz Romer war ein ungewöhnlicher Mensch.
Bei Nacht und Nebel riss er als 16jähriger von zu Hause aus und arbeitete, bis er heerespflichtig wurde, bei der Küstenschifffahrt in Hamburg. Nach Kriegsende setzte er seine Seemannstätigkeit fort und brachte es bei der Handelsmarine bis zum Kapitän und befuhr alle Weltmeere.
Doch damit nicht genug. Im Jahre 1928, im Alter von 29 Jahren, überquerte er als erster Mensch in einem Faltboot (Kanu) den Atlantik von den Kanarischen Inseln nach (Mittel -) Amerika.
Franz Romer wurde dadurch weltberühmt; nicht nur der damalige Reichspräsident Hindenburg gratulierte.

Auf der Weiterfahrt mit seinem Faltboot entlang der Küste mit dem Ziel New York geriet er, wie amerikanische Zeitungen schrieben, in einen „vernichtenden Hurrikan, wie man ihn seit Menschengedenken nicht mehr erlebt hat“.
Franz Romer wurde seitdem vermisst, er ist wohl dem Hurrikan zum Opfer gefallen.

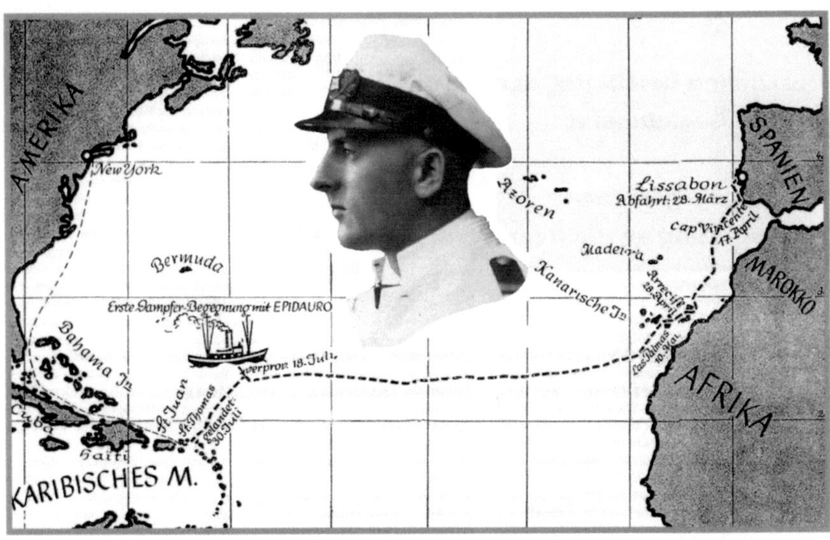

Bild: Entnommen dem Buch „Kapitän Romer bezwingt den Atlantik“ von Willi Münch-Khe (modifiziert von Marina Mollenhauer).

~

„Geschehen Dettingen, den 28. Juli 1918
Vor dem Gemeinderat

Beratungsgegenstand
Heuabgabe betr.

Beschluß

Die 800 Zentner Heu, welche zur Abgabe an das Heer angefordert werden, soll auf die Viehzahl der Viehhalter umgelegt werden, pro Vieh 2 Zentner als 1. Lieferung 1918.

Der Gemeinderat: Heckler Bürgermeister
J. Baptist Späth Josef Fuchs Valentin Straub Julius Schroff
J. Baptist Okle Gebhard Dullenkopf"

~

„Geschehen Dettingen, den 6. Oktober 1918
In Gegenwart des Bürgermeisters und Gemeinderat

Beratungsgegenstand und Beschluß
Zur 9. Kriegsanleihe wird von der Gemeindekasse 20.000 Mark und vom Armenfond Dettingen 1.000 Mark beschlossen.

Der Gemeinderat: Heckler Bürgermeister
J. Baptist Späth Josef Fuchs Valentin Straub Julius Schroff
Gebhard Dullenkopf J. Baptist Okle."

~

„Geschehen Dettingen, den 24. November 1918
In Gegenwart des Gemeinderats

Beratungsgegenstand

I.Gründung einer Bürgerwehr
Beschluß

Zum Schutz der Gemeinde soll eine Volkswehr von ca. 20 Mann gegründet werden.

II.Gründung eines Bauern – und Bürgerrats betr.
Beschluß
Es soll ein Bauernrat und ein Bürgerrat gegründet werden. Zu diesem Zweck soll auf Montag Abend 7 Uhr die Verwaltungen des Gemeinderats, Landwirtschaftlicher Verein, Kreditverein, Bauernverein, Viehversicherung, Ziegenzuchtverein, Gewerbetreibende zur Vorbesprechung ins Rathaus eingeladen werden.

Der Gemeinderat: Heckler Bürgermeister
J. Baptist Späth Valentin Straub J. Baptist Okle
Julius Schroff Gebhard Dullenkopf
Ratschreiber Jos. Fuchs"

Anmerkung:
Der 1.Weltkrieg war zu Ende. Nach der Abdankung von Kaiser Wilhelm II. und dem Zusammenbruch der Monarchie kam es „ersatzweise" zur kurzzeitigen Bildung von Volksräten; auch bis hinunter auf die lokalen Ebenen.

~

„Geschehen Dettingen, den 22. Dezember 1918
In Gegenwart des Gemeinderats

Beratungsgegenstand
Volkswehr betreff.

Beschluß
Nach Bericht des Bad. Bezirksamt vom 11. Dezember d.J., daß die Volkswachen nur in großen Orten ausnahmsweise errichtet werden

brauchen, wird in Dettingen davon Umgang genommen (Anmerkung: es wird darauf verzichtet**).**

Der Gemeinderat: Heckler Bürgermeister
J. Baptist Späth Valentin Straub Julius Schroff
J. Baptist Okle Gebhard Dullenkopf
Jos. Fuchs Ratschreiber"

Anmerkung:
Aus dem Großherzoglichen Bezirksamt wurde nun das Badische Bezirksamt; der Großherzog hatte am 22. November seinen Rücktritt erklärt, eine vorläufige Volksregierung wurde gebildet.
Im Januar 1919 fanden dann Wahlen statt, an denen erstmals auch Frauen teilnehmen konnten.

~

„Geschehen Dettingen, den 7. Januar 1919
Vor dem Gemeinderat

Beratungsgegenstand
Öffentlicher Empfang und Ehrung der Kriegsteilnehmer betr.

Beschluß
Nachdem sämtliche Kriegsteilnehmer mit Ausnahme der Gefangenen bereits in die Heimat zurückgekehrt sind, sollen dieselben durch einen öffentlichen Empfang mit vorausgehendem Kirchgang, Festessen im Gasthaus zum Kreuz nebst drei Mark für jeden Teilnehmer zur Bestreitung des Getränkes geehrt werden. Das Essen soll bestehen aus Kalbsbraten und Gemüse. Für die gefallenen Krieger im Felde den Angehörigen je 10 Mark, ebenso den Kriegsgefangenen.

Nachmittags soll gemeinschaftlicher Ausflug nach Wallhausen unternommen (bei günstiger Witterung) werden.
Abends soll um 6 Uhr bei Restaurant Späth (Anmerkung: Gasthaus Traube**) ein Bankett mit Musik und Gesang abgehalten werden.**
Die Mädchen sollen ersucht werden, zum Bankett bzw. zum Festessen mit etwas Backwerk besorgt zu sein.
Die Festlichkeit soll stattfinden am 26. Januar d.J., wozu sämtliche Ortsvereine zum Kirchgang eingeladen werden sollen.
Sämtliche Kosten werden von der Gemeindekasse übernommen.

Die zurückgekehrten Krieger sind	**110**
Die in Gefangenschaft sind	**10**
Vermißt sind	**3**
Tod erklärt bzw. gefallen	**37**
Zusammen Kriegsteilnehmer	**160**

Der Gemeinderat: Heckler Bürgermeister
J. Baptist Späth Valentin Straub J. Baptist Okle
Gebhard Dullenkopf Julius Schroff
Jos. Fuchs Ratschreiber"

~

Namen – Gedenktafel und Bildtafel der Gefallenen des Weltkriegs 1914/18
(Archiv Ortsverwaltung Dettingen; Bild Marina Mollenhauer)

1914
1918
Für d. im Weltkrieg gefallenen und vermißten
Helden d. Gemeinde Oettingen
Josef Sandkühler Kunstanstalt München

„Geschehen Dettingen, den 23. März 1919
Vor dem Gemeinderat

Beratungsgegenstand
Abgabe von Holz an Hauptlehrer Bogenschütz

Beschluß
Da Hauptlehrer Bogenschütz noch in der Gefangenschaft ist, hat der Gemeinderat beschlossen, demselben das Bürgergabholz abzugeben wie den aktiven Bürgern.
Der Beschluß soll nur so lange dauern als die Kriegswirtschaft dauert.

Der Gemeinderat: Heckler Bürgermeister
J. Baptist Späth Valentin Straub Julius Schroff
J. Baptist Okle
Josef Fuchs stellv. Ratschreiber"

Anmerkung:
Die Kriegswirtschaft, d.h. die Rationierung von Lebensmitteln und wichtigen Verbrauchsstoffen, wurde erst Jahre nach Kriegsende nach und nach aufgehoben.

~

„Geschehen Dettingen, den 9. November 1919
Vor dem Gemeinderat

Beratungsgegenstand
Jahrtag für die gefallenen Bürgersöhne im Weltkriege 1914-1918 betreff.

Beschluß

Es soll für die gefallenen Bürgersöhne im Weltkriege 1914-18 ein Seelenamt abgehalten werden auf 100 Jahre und wird dafür der Betrag mit 400 Mark genehmigt.

Der Gemeinderat: Heckler Bürgermeister
Josef Fuchs Valentin Straub J. Baptist Okle Julius Schroff
Heinrich Späth Adolf Hamm
Karl Heckler Ratschreiber"

~

„Geschehen Dettingen, den 28. März 1920
In Gegenwart von Bürgermeister und Gemeinderat

Beratungsgegenstand
Begrüßung der heimgekehrten Kriegsgefangenen betr.

Beschluß
Die Begrüßung der heimgekehrten Kriegsgefangenen soll am Ostermontag nachmittags halb zwei Uhr beginnend in der Restauration Späth mit einem Essen für die betreffenden Gefangenen und 10 Mark Geld für Getränke verabfolgt werden und hierzu wird der Gesangverein und der Kriegerverein eingeladen.

Der Gemeinderat: Heckler Bürgermeister
Josef Fuchs Valentin Straub J. Baptist Okle Julius Schroff
Heinrich Späth Adolf Hamm
K. Heckler Ratschreiber"

~

„Geschehen Dettingen, den 2. April 1920

In Gegenwart: Bürgermeister und Gemeinderat

Beratungsgegenstand
I. Begrüßung der heimgekehrten Kriegsgefangenen betr.
Beschluß
Es sollen zur Begrüßung der heimgekehrten Kriegsgefangenen sämtliche Vereine hierzu eingeladen werden.

II. Abgabe von 4 Kühen, 2 Kalbinnen, 1 Jungrind
Beschluß
Der Gemeinde ist zur Auflage gemacht worden, 4 Kühe, 2 Kalbinnen, 1 Jungrind an Frankreich abzuliefern.
Nachdem die Milchkommission die abgabepflichtige Menge bereits zum Teil freiwillig und nicht freiwillig ermittelt hat, wird eine Zwangsenteignung nicht nötig sein.

Der Gemeinderat: Heckler Bürgermeister
Valentin Straub J. Baptist Okle Julius Schroff Heinrich Späth
K. Heckler Ratschreiber"

Anmerkung:
Wie man sieht, wirkten sich die Reparationsforderungen der Siegermächte an das Deutsche Reich bis in die Viehställe aus.

~

„Geschehen Dettingen, den 31. Dezember 1921
In Gegenwart von Bürgermeister und Gemeinderat

Beratungsgegenstand
Beschenkung der Kinder von Kriegshinterbliebenen

Beschluß

Die Beschenkung der Kinder von Kriegshinterbliebenen wird wie folgt festgesetzt: Für Kinder, deren Mutter wieder verheiratet ist, pro Kind 5Mark, für die Kinder, wo der Ernährer fehlt, pro Kind 10 Mark.

Der Gemeinderat: Heckler Bürgermeister
Josef Fuchs Valentin Straub Julius Schroff J. Baptist Okle
Heinrich Späth Adolf Hamm
K. Heckler Ratschreiber"

~

„Geschehen Dettingen, den 19. Februar 1922
In Gegenwart von Bürgermeister und Gemeinderat

Beratungsgegenstand
Kriegerdenkmal in der Kirche betr.

Beschluß
Nachdem die Kollekte für das Kriegerdenkmal in der Kirche stattgefunden hat, wird der fehlende Betrag von der Gemeindekasse geleistet.

Der Gemeinderat: Bürgermeister Heckler
Valentin Straub J. Baptist Okle Julius Schroff Heinrich Späth
K. Heckler Ratschreiber"

~

Bild: Kriegerdenkmal für die Gefallenen 1914/1918 in der Pfarrkirche Sankt Verena Dettingen (Bild: Marina Mollenhauer)

Versorgung mit Elektrizität 1921

„Geschehen Dettingen den 2. November 1914
Vor dem Gemeinderat

Beratungsgegenstand
Die Versorgung der Gemeinden im Amtsbezirk Konstanz mit elektrischer Kraft betreff.

Beschluß
Die Gemeinde Dettingen würde die elektrische Energie nicht ablehnen, wenn es die finanziellen Mittel seiner Zeit erlauben.

Der Gemeinderat Heckler Bürgermeister
J. Baptist Späth Valentin Straub J. Baptist Okle Josef Fuchs
Julius Schroff
A.Vogel Ratschreiber"

Anmerkung:
Der 1. Weltkrieg hat dann die „Versorgung mit elektrischer Kraft" um einige Jahre verzögert.

~

„Geschehen Dettingen, den 19. Februar 1920
In Gegenwart von Bürgermeister und Gemeinderat

Beratungsgegenstand
Versorgung mit Elektrischem Licht und Kraft betreff.

Beschluß

Die Gemeinde schließt sich dem Bau der Elektrischen Anlagen an, womöglich der Staatlichen Ausführung, was noch zwischen der Stadt Konstanz und dem Badischen Ministerium entschieden wird. Vorsorglich sollen die Masten aus dem Gemeindewald Dettingen für Dettingen genommen werden, wozu cirka 230 Festmeter nötig sind.
Das Badische Forstamt soll sofort um Genehmigung ersucht werden.

Der Gemeinderat Heckler Bürgermeister
Josef Fuchs Valentin Straub J. Baptist Okle Julius Schroff
Heinrich Späth Adolf Hamm
K. Heckler Ratschreiber"

~

„Geschehen Dettingen, den 21. Mai 1920
In Gegenwart Bürgermeister und Gemeinderat

Beratungsgegenstand
Bürgerausschußsitzung betr.

Beschluß
Der Bürgerausschuß soll auf Montag den 24. Mai vormittags ½ 11 Uhr zwecks Beschlussfassung über die Elektrische Anlage einberufen werden.

Der Gemeinderat Heckler Bürgermeister
Josef Fuchs Valentin Straub
J. Baptist Okle Heinrich Späth
Julius Schroff
K. Heckler Ratschreiber"

Anmerkung:
Zur Sitzung des Bürgerausschusses sind von den 44 Mitgliedern 38 erschienen, die vollzählig mit „Ja" stimmten auf die Frage:
„Stimmt der Bürgerausschuß und die Gemeinde bei, daß die Gemeinde Dettingen sich dem Badenwerk anschließt?"

~

„Geschehen Dettingen, den 8. August 1920
In Gegenwart Bürgermeister und Gemeinderat

Beratungsgegenstand
Die Elektrizitätsversorgung der Gemeinde Dettingen betr.

Beschluß
Die Verträge sind am 8. August unterschrieben worden und am 9. August an das Bezirksamt Konstanz abgeschickt.

Der Gemeinderat Bürgermeister Heckler
Valentin Straub J. Baptist Okle Adolf Hamm Heinrich Späth
Julius Schroff
K. Heckler Ratschreiber"

~

„Geschehen Dettingen, den 22. August 1920
In Gegenwart von Bürgermeister und Gemeinderat

Beratungsgegenstand
Bauplatz zum Transformatorenhaus betr.

Beschluß

Zur Erstellung des Transformatorenhauses soll der untere Teil des Schulgartens (Anmerkung: hinter dem Rathaus**) dem Badenwerk überlassen werden mit circa 6 qm.**

Der Gemeinderat Heckler Bürgermeister
Josef Fuchs Valentin Straub J. Baptist Okle Adolf Hamm Heinrich Späth
K. Heckler Ratschreiber"

Anmerkung:
Und da steht das Transformatorenhaus heute noch!

~

„Geschehen Dettingen, den 29. August 1920
In Gegenwart von Bürgermeister und Gemeinderat

Beratungsgegenstand
I. Die Deckung des Staatsbeitrages (Anmerkung: der Rechnung des staatl. Badenwerkes**) mit 64000 Mk. betr.**

Beschluß
Die Deckung des Staatsbeitrages mit 64000 Mk. und den weiteren Baukosten soll durch Sparkasseneinlage oder Kriegsanleihen gedeckt werden, soweit diese verwendet werden können. Etwa fehlendes soll durch Darlehen aufgebracht werden.

II. Zuschuß der Gemeinde an Private zur Einrichtung der elektrischen Hauslampen betr.
Beschluß
Der Zuschuß an Private soll per Lampe 100 Mk. bis zu 5 Lampen betragen. Sollte ein späterer Neubau ausgeführt werden, hat der den gleichen Anspruch.

Der Anspruch des Gemeindebeitrags mit 100 Mark wird nur während der Bauausführung bewilligt.
Für Unbemittelte wird auf Ansuchen derselben die Kosten des Anschlusses und der Ausführung aus der Gemeindekasse vorschüßlich bezahlt.
Rückersatz in später beliebigen Terminen beginnend mit dem ersten Jahr der Ausführung 1921 nebst den üblichen Jahreszinsen.
Im Umfluß von 10 Jahren muß das ganze Kapital zurückgezahlt sein.

Der Gemeinderat Heckler Bürgermeister
Josef Fuchs Valentin Straub J. Baptist Okle Adolf Hamm
Heinrich Späth Julius Schroff
K. Heckler Ratschreiber"

~

„Geschehen Dettingen, den 8. September 1920
In Gegenwart von Bürgermeister und Gemeinderat

Beratungsgegenstand
I. Die Anschaffung von 5 Eiserner Kandelaber zur Straßenbeleuchtung in Dettingen betr.
Beschluß
Es wird von den Eisernen Kandelaber Abstand genommen und sollen dieselben aus Eichen- oder Fichtenholz erstellt werden.

II. Bau der Hausleitungen betr.
Beschluß
Wo keine Anzahlung mit der Hälfte an Hausleitungen von Hauseigentümer gemacht werden, soll die Installation vorerst

unterbleiben, da die Gemeinde für diese Beträge nicht aufkommen kann.
Hiervon wird der Unternehmer verständigt.

III. Die gewerblichen Anlagen mit Elektrischer Kraft betr.
Beschluß
Für gewerbliche Anlagen werden von der Gemeinde keine Vorschüße geleistet.

IV. Zuschüße der Gemeinde zur zweiten Hälfte der Hausinstallationen betr.
Beschluß
Diejenigen welche bei der zweiten Anzahlung Vorschüße von der Gemeinde haben wollen, müßen einen schriftlichen Antrag mit zahlungsfähigen Bürgen (Einwohner) stellen oder Hinterlegung von Wertpapiersicherheit stellen.

Der Gemeinderat Heckler Bürgermeister
Josef Fuchs Valentin Straub J. Baptist Okle Adolf Hamm
Heinrich Späth Julius Schroff
K. Heckler Ratschreiber"

Anmerkung:
Die Versorgung mit Elektrizität war für viele Hausbesitzer ein großer finanzieller Kraftakt.

~

„Geschehen Dettingen, den 8. Mai 1921
In Gegenwart von Bürgermeister und Gemeinderat

Beratungsgegenstand
Elektrischer Anschluß des Ziegelhof betr.

Beschluß
Mit dem Anschluß der Höfe an die elektrische Anlage wird noch zugewartet.

Der Gemeinderat Heckler Bürgermeister
Josef Fuchs Valentin Straub J. Baptist Okle Adolf Hamm
Heinrich Späth Julius Schroff
K. Heckler Ratschreiber"

Anmerkung:
Der Anschluß der Höfe war sehr teuer; sie wurden erst Jahre später an das Stromnetz angeschlossen; zwei Höfe sogar erst 30 Jahre später!

~

„Geschehen Dettingen, den 5. Juni 1921
In Gegenwart von Bürgermeister und Gemeinderat

Beratungsgegenstand
Darlehensaufnahme in der Sparkasse Reichenau

Beschluß
Die Darlehensaufnahme mit 60.000 Mark zur Elektrischen Lichtversorgung bei der Sparkasse Reichenau sollen in 30 Jahresterminen zurückgezahlt werden.

Der Gemeinderat Heckler Bürgermeister
Josef Fuchs J. Baptist Okle Adolf Hamm Valentin Straub
Julius Schroff Heinrich Späth
K. Heckler Ratschreiber"

Abschließende Anmerkung:

Den Zeitpunkt, an dem zum ersten Mal der elektrische Strom durch die Leitungen in der Gemeinde floss, kennt Alt-Gemeinderat Hans Okle durch die Erzählung seines Vaters Urban Okle ganz genau: Es war der 25. August 1921; der Tag, an dem seine ältere Schwester Stefanie („Steffi“) in Dettingen das (elektrische) Licht der Welt erblickte!

~

Die große Inflation 1920 - 1923

Die Geldentwertung im Deutschen Reich begann mit dem Kriegsbeginn im Jahre 1914, da die Deckung der laufenden, immer höher werdenden Kriegskosten zum großen Teil durch die Vermehrung der umlaufenden Geldmenge erfolgte.
Man war überzeugt, dass der Krieg gewonnen werde und die Kriegsgegner Deutschlands dann die entstandenen Kriegskosten ersetzen müssten. Doch es kam bekanntlich umgekehrt; Deutschland verlor den Krieg und musste an die Siegerstaaten hohe Reparationsleistungen in Form von Geld und Wirtschaftsgütern erbringen.
Dies ruinierte die durch den Krieg ohnehin schon sehr angeschlagene deutsche Volks- und Geldwirtschaft endgültig.

Die langsam erfolgte Geldentwertung steigerte sich ab 1920 immer schneller, bis dann am 15. November 1923 mit einer Währungsreform festgelegt wurde, dass eine Billion Mark nur noch eine neue Mark – Rentenmark/ Reichsmark – wert sei.
Diese Mark hatte dann etwa den Wert einer (Gold-) Mark im Jahre 1914.
Mit dieser Währungsreform besaßen praktisch alle Geldwerte nur noch geringste Bruchteile des ursprünglichen Wertes.

An Hand einiger Gemeindeprotokolle lässt sich die inflationäre Entwicklung „skizzenhaft" nachvollziehen.

„Geschehen Dettingen den 19. März 1914
Vor versammeltem Bürgerausschuß
Unter Vorsitz des Bürgermeister – Stellvertreter Gemeinderat Baptist Späth

Zur Beratung und Beschlußfassung über die Regelung des Gehalts des Bürgermeisters von 400 Mark auf 500 Mark (Anmerkung: pro Jahr), **nachdem sich die Arbeiten seit 19 Jahren (**Anmerkung:

vermutlich seit der letzten Gehaltsfestsetzung**) wesentlich vermehrt haben.**

Nachdem die Sache hinreichend erörtert war, hat der Vorsitzende die Beratung geschlossen und folgende Frage zur Hauptabstimmung ausgesetzt:
Stimmt der Bürgerausschuß dem Beschluß des Gemeinderates vom 15. d.M. bei, daß der Gehalt des Bürgermeisters neu geregelt werde, so daß derselbe vom 1. Januar 1914 um 100 M. erhöht werde, so daß statt 400 M. vom 1. Januar 1914 nun 500 M. Gehalt bezahlt werden.

Bei Abstimmung durch Aufstehen oder Sitzenbleiben ergab sich folgendes Resultat:
Danach antworteten mit „ja" 38 der anwesenden Stimmberechtigten, mit „nein" niemand der anwesenden Stimmberechtigten.

Es ist gemäß Gemeindeordnung
Beschluß
Der Bürgerausschuß stimmt dem Antrag des Gemeinderates vom 15. d.M. zu, daß der Gehalt des Bürgermeisters von 400 auf 500 M. erhöht werde.

Der Vorsitzende: Heckler
Die Urkundspersonen: Richard Späth Fidel Fritschi
Der Protokollführer: August Vogel (Ratschreiber)"

Anmerkung:
Nach demselben (umständlichen) Verfahren wurden in der gleichen Sitzung der Reihe nach noch erhöht (jeweils pro Jahr):
Die Gehälter der Gemeinderatsmitglieder von 20 M. auf 3o M.
Begründung: **„nachdem sich die Arbeiten des Gemeinderates seit 19 Jahren wesentlich vermehrt hat.**
Das Gehalt des Ratschreibers von 120 M. auf 130 M. Begründung wie zuvor.

Das Gehalt des Brunnenmeisters von 80 M. auf 90 M.
Begründung: **„da ihm die Wasserleitung im neuen Schulhaus übergeben wurde."**
Hier zeigt sich die große Geldwertstabilität bis zum Jahre 1914.

~

Dann 5 Jahre später:

**„Geschehen Dettingen den 30. November 1919
In Gegenwart von Bürgermeister und Gemeinderat**

**Beratungsgegenstand
Gehaltsregelung der Gemeindebeamten betreff.**

Der Gemeinderat hat mit Wirkung vom 1. Januar 1919 ab die Gehälter für die Gemeindebediensteten wie folgt festgesetzt.

Bürgermeister	**bisher**	**500 M**	**jetzt**	**1000 M**
Gemeinderäte	**„**	**50 M**	**„**	**150 M**
Ratschreiber	**„**	**200 M**	**„**	**500 M**
Gemeinderechner	**„**	**380 M**	**„**	**760 M**
Ortsdiener	**„**	**365 M**	**„**	**500 M**
Gemeindewaldhüter	**„**	**400 M**	**„**	**500 M**
Waisenrat	**„**	**20 M**	**„**	**50 M**
Brunnenmeister	**„**	**100 M**	**„**	**200 M**
Meßmer in Dettingen	**„**	**200 M**	**„**	**300 M**
Meßmer in Wallhausen	**„**	**50 M**	**„**	**100 M**
Arbeitslehrerin	**„**	**184 M**	**„**	**200 M**
Hebamme	**„**	**80 M**	**„**	**120 M**
Schulkehrerin	**„**	**200 M**	**„**	**300 M**
Fleischbeschauer	**„**	**20 M**	**„**	**100 M**
Krankenpflegerin	**„**	**200 M**	**„**	**250 M**

Feldhüter	„	200 M	„	300 M

Der Gemeinderat Heckler Bürgermeister
Josef Fuchs Julius Schroff Heinrich Späth
Adolf Hamm J. Baptist Okle

K. Heckler Ratschreiber"

Anmerkung: Man beachte die nahezu Halbierung des Geldwertes in den vergangenen 5 Jahren im Vergleich zu den Gehältern im Jahre 1914.

~

„Geschehen Dettingen, den 19. Februar 1920
In Gegenwart Bürgermeister und Gemeinderat

Beratungsgegenstand
Gehaltsberechnung der Gemeindebeamten und Bediensteten

Beschluß
Der Gemeinderat ist jährlich in Anspruch genommen mit

	120 Stund a 2,30 Mk.	=	276 Mk.	300 Mk.
Bürgermeister	1040 Stund a 2,30 Mk.	=	2392 Mk.	2400 Mk.
Ratschreiber	780 Stund a 1,90 Mk.	=	1482 Mk.	1500 Mk.
Gemeinderechner	624 Stund a 1,90 Mk.	=	1185 Mk.	1200 Mk.

Der Gemeinderat Heckler Bürgermeister
Josef Fuchs Valentin Straub J. Baptist Okle Julius Schroff
Heinrich Späth Adolf Hamm
K. Heckler Ratschreiber"

~

Dann zweieinhalb Jahre später:

„Geschehen Dettingen, den 21. September 1922
In Gegenwart Bürgermeister und Gemeinderat

Beratungsgegenstand
Gehaltsregelung der Gemeindebeamten und Bediensteten

Beschluß
I. Der Gehalt des Bürgermeisters wird auf 32.000 Mark festgesetzt vom 1. April 1922 an.
II. Der Gehalt des Ratschreibers wird auf 26.000 Mark und als Grundbuchhilfsbeamter auf 5.000 Mark festgesetzt.
III. Der Gehalt des Gemeinderechners wird auf 15.000 Mark festgesetzt
IV. Der Gehalt des Polizeidieners wird auf 1.125 Mark festgesetzt
V. Der Gehalt der Gemeinderäte wird auf 1.500 Mark jährlich festgesetzt
VI.Der Gehalt der Schulkehrerin wird von 800 auf 2.000 Mark erhöht.

Der Gemeinderat Schulter Bürgermeister
Josef Fuchs Valentin Straub Adolf Hamm Heinrich Späth
J. Baptist Okle Julius Schroff
K.Heckler Ratschreiber"

~

Und ein ¾ Jahr später:

„Geschehen Dettingen, den 13. Juni 1923
In Gegenwart des Bürgermeisters und Gemeinderat

Beratungsgegenstand
Gehalt des Bürgermeisters, Ratschreiber und Gemeinderechners betreff.

Beschluß
Nachdem der Gehalt seitens des Vertreters der Badischen Gemeindebeamten unterm 6. Juni 1923 ausgerechnet wurde und zwar für den Bürgermeister Schulter, für den Ratschreiber Heckler und den Gemeinderechner Heinrich Fuchs und auf die Kinderzulage verzichtet wurde, erhalten

	Bürgermeister Schulter	Ratschreiber Heckler	Gemeinde-rechner Fuchs
Für April	142.625 Mk.	91.820 Mk.	
für Mai	213.525 Mk.	141.960 Mk.	
für Juni	410.000 Mk.	273.000 Mk.	180.000 Mk.

Ruhegehalt des Altbürgermeister Heckler monatlich 25.000 Mk. mit Wirkung ab 1. April 1923

Der Gemeinderat Schulter Bürgermeister
Josef Fuchs Adolf Hamm Adolf Bossart Richard Späth
Julius Demmler Josef Demmler
K. Heckler Ratschreiber"

3 Monate später:

„Geschehen Dettingen, den 7. September 1923
In Gegenwart von Bürgermeister und Gemeinderat

Beratungsgegenstand:
I. Entschädigung des Hilfsfeldhüters betr.
Beschluß
Dem Hilfsfeldhüter wird eine tägliche Vergütung mit 50.000 Mark bewilligt.

II. Telefonanschluß des Bürgermeisters
Beschluß
Dem Bürgermeister soll der Telefonanschluß mit einem Kostenaufwand, der vorläufig auf 56 Millionen Mark zu stehen kommt, herbeigeführt werden.

Auf Vorlesen genehmigt und unterschrieben
Der Gemeinderat Schulter Bürgermeister
Josef Fuchs Adolf Hamm Adolf Bossart Richard Späth
Julius Demmler Josef Demmler
K. Heckler Ratschreiber"

Anmerkung:
Eine letzte Gehaltsangabe für Gemeindebedienstete vor der Währungsreform am 15. November 1923 findet sich im Protokoll vom 5. November:

~

„Geschehen Dettingen, den 5. November 1923
In Gegenwart von Bürgermeister und Gemeinderat

Beratungsgegenstand
Gehalt des Brunnenmeisters Späth in Dettingen und Konstantin Gieß in Wallhausen betr.

Beschluß

Der Gehalt für den Brunnenmeister Späth in Dettingen wird mit Wirkung ab 1.10. 1923, also für Oktober auf 4,5 Milliarden und für November auf 6 Milliarden festgelegt.
Für den Brunnenmeister Gieß in Wallhausen wird für Oktober 1 Milliarde und für November 2 Milliarden festgesetzt.

Auf Vorlesen genehmigt und unterschrieben
Der Gemeinderat Schulter Bürgermeister
Adolf Hamm Richard Späth Adolf Bossart Julius Demmler
Josef Demmler

K. Heckler Ratschreiber"

Anmerkung:
Es gibt außer den Steigerungen der Gehälter für Gemeindebedienstete auch andere interessante Zahlen:
z. B. die Kosten für die Farrenhaltung in Dettingen: jeweils Futterkosten für einen Farren:

24.5.1912	550 Mark pro Jahr
24.9.1922	5000 Mk. „ „
31.12.1922	30.000 Mk. „ „
31.1.1923	70.000 Mk „ „
16.9.1923	10 Mill. Mk. pro Monat
5.11.1923	5 Milliarden „ „

~

Höhepunkt:

„Geschehen Dettingen, den 18. November 1923
In Gegenwart von Bürgermeister und Gemeinderat

Beratungsgegenstand
Umschreibung der von Martin Schwarz gepachteten Wiesen im Großen Weiher auf die Gemeinde Dettingen betr.

Beschluß
Für die seither vom Badischen Domäneamt Konstanz an den jeweiligen Farrenhalter der Gemeinde verpachteten fünfeinhalb Morgen Wiesen im Gewann Großer Weiher (Anmerkung: im Bereich des heutigen Fußballplatzes**), ist ab Martini 1923 (**Anmerkung: 11. November**) die Gemeinde Dettingen Pächter.**
Der Pachtpreis für 1923 ist von der Gemeinde Dettingen in Höhe von 963.300.000.000 Mark bezahlt worden.

Auf Vorlesen genehmigt und unterschrieben.
Der Gemeinderat Schulter Bürgermeister
Josef Fuchs Adolf Hamm Josef Demmler Adolf Bossart
Richard Späth Julius Demmler
K. Heckler Ratschreiber"

~

Die neue Normalität:

„Geschehen Dettingen, den 26. November 1923
In Gegenwart von Bürgermeister und Gemeinderat

Beratungsgegenstand
Futtergeld für die 3 Farren in Dettingen

Beschluß

Das Futtergeld für den Farrenhalter Martin Schwarz wird mit Wirkung ab 1. November 1923 auf je 1 Stück Farren auf 5 Goldmark festgesetzt, also gleich 3x 5 = 15 Goldmark (Anmerkung: pro Woche, also 780 Mark pro Jahr)**. Das Sprunggeld wird auf 5 Pfennig (Goldpfennig) festgesetzt**

Der Gemeinderat: Schulter Bürgermeister
Josef Fuchs Adolf Hamm Josef Demmler Julius Demmler
Adolf Bossart Richard Späth
K. Heckler Ratschreiber"

Anmerkung:
Mit der vom Ratschreiber verwendeten Bezeichnung „Goldmark" und „Goldpfennig" wollte er wohl ausdrücklich auf die neuen Werte von Mark und Pfennig nach der Währungsreform am 15. November 1923 hinweisen, wo in Anlehnung an den Wert einer Goldmark im Jahre 1914 festgelegt wurde, dass 1 Billionen Mark einer neuen Rentenmark / Reichsmark entsprechen.

~

Kirchenerweiterung 1928/29

Die Ausgangssituation zu diesem Vorhaben ist im Protokoll über die Ortsbereisung durch das Badische Bezirksamt Konstanz am 27. Oktober 1921 anschaulich dargestellt:

„... Der rührige Ortsgeistliche wünscht unbedingt die Frage der Kirchenvergrößerung wieder aufzunehmen, da auch nach Ansicht des Gemeinderates die Raumverhältnisse nicht mehr genügen, hauptsächlich deshalb, weil der mächtige, althistorische Turm in das Schiff hineinsteht und ein Drittel des Platzes wegnimmt.
Der Ortsgeistliche widerstrebt aber, den Turm zu erhalten und den bisherigen Chor (Anmerkung: Altarraum**) als Seitenschiff zu verwenden; er glaubt vielmehr als einzige Abhilfe zur Verlängerung des jetzigen Schiffes und Neubau des Turmes raten zu sollen.**
... Merkwürdigerweise glaubt der Geistliche von Einführung der örtlichen Kirchensteuer absehen und die Bausumme durch freiwillige Beiträge von 200 M. pro Haus aufbringen zu können."

~

„Geschehen Dettingen, den 20. November 1921
In Gegenwart von Bürgermeister und Gemeinderat

Beratungsgegenstand
Kirchenbau bzw. Erweiterung derselben betr.

Beschluß
Der Gemeinderat und Stiftungsrat hat beschlossen, wegen Erweiterung der Pfarrkirche auf Sonntag, den 27. November nachmittags 3 Uhr eine Gemeindeversammlung einzuberufen als

Erleichterung für den Gemeinderat, Stiftungsrat und Bürgerausschuß.

Der Gemeinderat Heckler Bürgermeister
Josef Fuchs Valentin Straub Julius Schroff Heinrich Späth
Adolf Hamm J. Baptist Okle
K. Heckler Ratschreiber"

Anmerkung:
Dies war wohl die Reaktion auf den eingangs zitierten Passus im Protokoll über die Ortsbereisung vom 27. Oktober 1921.
Über das Ergebnis der einberufenen Gemeindeversammlung gibt es leider keine Aufzeichnung.
Dass sich der Gemeinderat erst im Jahre 1927 wieder mit der Kirchenerweiterung befasste, lag sicher an den zwischenzeitlichen sehr schlechten wirtschaftlichen Verhältnissen , aber vielleicht mit auch an den gemeindepolitischen Gegebenheiten, wie später noch zu lesen ist.

~

„Geschehen Dettingen, den 17. Januar 1927
In Gegenwart von Bürgermeister und Gemeinderat

Beratungsgegenstand
Vergrößerung der Pfarrkirche in Dettingen und gleichzeitig Erstellung einer Hafenanlage in Wallhausen

Beschluß
Die Vergrößerung der Pfarrkirche in Dettingen und die Erstellung einer Hafenanlage in Wallhausen soll gemeinschaftlich zur Genehmigung der beiden Projekte vor den Bürgerausschuss gebracht werden zwecks Klarlegung, ob die beiden Projekte durchgeführt werden, entweder ja oder nein.

Auf Vorlesen genehmigt und unterschrieben
Der Gemeinderat Bürgermeister Okle
Julius Demmler Johann Hornstein Felix Kaibach Josef Müller
Lambert Heckler Richard Späth
K. Heckler Ratschreiber"

~

In der Sitzung des Bürgerausschusses am 31. Januar 1927 waren von den 43 Mitgliedern des Ausschusses 42 anwesend.
Mit 40 Ja- und 2 Nein- Stimmen wurde beschlossen:

„Auf Antrag des Kath. Stiftungsrates führt die Gemeinde Dettingen die Kirchenerweiterung unter folgenden Bedingungen durch:
-Das vorgelegte Projekt wird angenommen mit einem Kostenaufwand von cirka 40.000 Mark.
-Der Kostenbetrag soll wie folgt verteilt und getilgt werden:
Der Kirchenfond leistet den Reinerlös eines außerordentlichen Holzhiebs von 500- 600 Festmeter vom Kirchenfondswald,
-der Restbetrag wird auf die Gemeindekasse übernommen."

Der Gemeinderat fasste darauf hin in seiner Sitzung am selben Tag den gleichlautenden Beschluss.
Damit war der Start frei für die vom Ortspfarrer und vielen Gemeindemitgliedern lang ersehnte Vergrößerung der Pfarrkirche.

~

„Geschehen Dettingen, den 12. März 1928
In Gegenwart von Bürgermeister und Gemeinderat

Beratungsgegenstand

I. Kirchenerweiterung in Dettingen betr.
Beschluß
Der Gemeinderat hat von den neuen Plänen und Kostenüberschlägen zur Vergrößerung der Pfarrkirche Dettingen Kenntnis genommen, die vom Staatlichen Baumeister ausgefertigt worden sind, und beschließt folgendes.
Es soll die Kirchenerweiterung mit einem Kostenaufwand von cirka 65.000 RM ausgeführt werden, vorbehaltlich der Zustimmung des Bürgerausschuß.

II.Außerordentlicher Holzhieb mit cirka 600 Festmeter zur Deckung bzw. Aufbringung des Aufwands zur Kirchenerweiterung betr.
Beschluß
Es soll an das Bad. Forstamt das Gesuch eingereicht werden zur Genehmigung eines außerordentlichen Holzhiebes mit 600 Fstm., der zur Erweiterung des Kirchenbaues Dettingen verwendet werden soll.

III. Aufnahme eines Darlehens bis zu 30.000 Mk. zu dem Kostenaufwand für die Erweiterung der Pfarrkirche Dettingen betr.

Beschluß
Es soll mit der Bezirkssparkasse Radolfzell und Sparkasse Konstanz eingehend zur Abschließung der bereits zugesagten Darlehen in nähere Verhandlungen getreten werden.

IV. Einberufung des Bürgerausschußes betr.
Beschluß
Der Bürgerausschuß soll auf Freitag den 16. März 1928 abends 8 Uhr zur Beschlussfassung über die Kirchenbauerweiterung mit einem Kostenaufwand von 65.000 RM einberufen werden.

Auf Vorlesen genehmigt und unterschrieben
Der Gemeinderat Bürgermeister Okle

Julius Demmler Johann Hornstein Lambert Heckler
Josef Müller Richard Späth
K. Heckler Ratschreiber"

Anmerkung:
Der Bürgerausschuss stimmte den vorstehenden Beschlüssen mit 36 Ja- gegen 5 Nein- Stimmen zu.

~

„Geschehen Dettingen, den 4. Mai 1928
In Gegenwart von Bürgermeister und Gemeinderat.

Beratungsgegenstand
Grundsteinlegung anlässlich der Kirchenerweiterung am 13. Mai 1928 betr.

Beschluß
Zur Grundsteinlegung anlässlich der Kirchenerweiterung am 13. Mai 1928 nachmittags 2 Uhr, sollen die örtlichen Vereine dazu eingeladen werden.
Dies soll durch öffentliche Bekanntmachung geschehen. Der Gemeinderat beteiligt sich im schwarzen Anzug u. Zylinder.

Auf Vorlesen genehmigt und unterschrieben
Der Gemeinderat Bürgermeister Okle
Julius Demmler Josef Müller Johann Hornstein
Richard Späth Felix Kaibach Lambert Heckler
K. Heckler Ratschreiber"

~

„Geschehen Dettingen, den 23. Juni 1929
In Gegenwart Bürgermeister und Gemeinderat

Beratungsgegenstand
Kircheneinweihung am Sonntag den 30. Juni 1929 betr.

Beschluß
Eine Verabreichung eines Mittagsmahl an der Kircheneinweihung an die fremden eingeladenen Gäste wird vom Gemeinderat abgelehnt.
Die weltliche Feier, bei der Gesangverein und Musik einschl. Kirchenchor mitwirkt, findet im Gasthaus Zum Kreuz statt.

Der Gemeinderat Bürgermeister Okle
Julius Demmler Josef Müller Johann Hornstein
Felix Kaibach Lambert Heckler Richard Späth
K. Heckler Ratschreiber"

Anmerkung:
Damit war für den Gemeinderat die Kirchenerweiterung abgeschlossen.

~

Weitere interessante Informationen zu dem Vorhaben enthält ein Bericht des damaligen Ortspfarrers Heck:

„... Schon seit dem Jahre 1840 hat sich die im Jahre 1779 erweiterte Pfarrkirche, welche von den Chorherrenrittern des Klosters Mainau erbaut worden war, als zu klein erwiesen, und seit jener Zeit gingen die jeweiligen Ortsgeistlichen mehr oder weniger mit dem Gedanken um, die Kirche zu vergrößern.
Besonders große Mühe gab sich der von 1886 bis 1914, also 28 Jahre hier wirkende Hochw. Herr Pfr. Ochs selig, aber da er an dem

seinerzeitigen liberalen Bürgermeister Konstantin Heckler keine Unterstützung fand, waren alle seine Bemühungen ergebnislos; er konnte nur mit großer Sparsamkeit die Fondsgelder möglichst zu mehren suchen, welche letztere aber infolge der Inflation nach dem Weltkrieg 1914/18 bis auf etwa 15% verloren gingen.

Am Ende des Krieges machte der jetzige Ortspfarrer Wilhelm Heck wiederholt den Versuch, an den Kirchenbau heranzutreten, da die Kirche zu der Zeit um 200 Sitzplätze zu klein geworden war und der Gottesdienstbesuch darunter immer mehr litt.
Nach dem Tode des Bürgermeisters Heckler gelang es, mit Hilfe des neu gewählten, mehr kirchlich gesinnten und opferbereiten Herrn Bürgermeister Sebastian Okle die Bürgerschaft, vor allem den Bürgerausschuß – von 40 Mitgliedern 35- für die Ausführung eines Kirchenerweiterungsbaues im jetzt durchgeführten Sinne zu gewinnen.
Das ursprüngliche, kleine Kirchlein wurde zum Querbau gemacht, so daß der alte Turm, die alte Sakristei und Chor erhalten blieben und ein neuer Chor sowie ein schönes, geräumiges Langhaus erstellt wurde.

Auf diese Weise erhielten wir für 75.000 Mark, wovon der Kirchenfond aus dem Erlös seines Waldes rund 15.000 Mark, die Pfarrangehörigen für den Hochaltar durch Kollekten und milde Gaben 5.000 Mark, der Staat 3.000 Mark beisteuerten und die Zahlung der Hauptsumme von 52.000 Mark von der politischen Gemeinde auf dem Wege der Umlagen (Anmerkung: örtliche Steuer entsprechend dem Besitzstand) zu zahlen übernommen wurde. ..."

~

Die Pfarrkirche vor der Erweiterung (Bild: Sammlung Helmut Gloger)

Die Pfarrkirche nach der Erweiterung (Bild: Ortsverwaltung Dettingen)

Die Geschichte der Friedhofskapelle

Über den Anlass zum Bau der Kapelle auf dem Dettinger Friedhof herrschten und herrschen in der Gemeinde vielleicht auch immer noch verschiedene Meinungen.
Die nachfolgenden Gemeinderatsprotokolle klären den Sachverhalt endgültig auf.

„Geschehen Dettingen, den 24. Mai 1933
In Gegenwart des Gemeinderates

Beratungsgegenstand
Antrag der Anna Demmler ledig hier zwecks Erstellung einer Friedhofskapelle

Beschluß
Der Gemeinderat nimmt Kenntnis von dem Antrag der Obengenannten, die verlangt, daß die Gemeinde nun endlich die Friedhofskapelle erstellen müsse, lt. Bedingung als Ersatz für das damals an die Gemeinde Dettingen abgegebene Grundstück im Gewann Hühnerberg (Anmerkung: direkt nördlich an den Friedhof angrenzend**).**
Der Gemeinderat beschließt, den Antrag zur weiteren Behandlung bei der nächsten Sitzung des Bürgerausschußes auf die Tagesordnung zu setzen.

Nach Vorlesen genehmigt und unterschrieben
Lambert Heckler Konrad Schroff Wilhelm Maurer Adolf Hamm
Jul. Assfahl Ratschreiber"

~

„Geschehen Dettingen am 23. August 1933
In Gegenwart: Bürgermeister und Gemeinderat

Beratungsgegenstand
Verkauf des seiner Zeit zur Erstellung einer Friedhofskapelle der Gemeinde geschenkten Grundstück der Anna Demmler ledig hier.

Beschluss
Nachdem Fräulein Demmler verlangt, daß umgehend die Friehofskapelle, die damals der betr. Schenkung zur Erstellung als Bedingung gemacht wurde, zur Ausführung gebracht werde, hat der Bürgermeister das Grundstück im Juni 1933 zur öffentlichen Versteigerung gebracht, um festzustellen, ob der Erlös einigermaßen den Aufwand der Erstellung decken würde.
Da aber bei der Versteigerung der Anschlag mit 300 RM nicht geboten wurde und erst jetzt nachträglich Landwirt Wilhelm Maurer den Anschlag mit 300 RM bietet, so hat der Gemeinderat beschlossen, den Verkauf erst mit Genehmigung des Bürgerausschußes abzuschließen.
Gleichzeitig mit Genehmigung des Verkaufs ist auch die Erstellung der Friedhofskapelle beschlossen, doch solle der Bau derselben nicht über 400 RM zu stehen kommen, so daß die Gemeinde höchstens einen Betrag von 100 RM zuschießen müßte.

Nach Vorlesen genehmigt und unterschrieben
Der Gemeinderat: Jul. Assfahl Bürgermeister
Lambert Heckler Konrad Schroff Johann Meßmer
Friedrich Schroff"

Anmerkung:
In seiner Sitzung stimmte der durch das herrschende neue politische System jetzt auf 14 Mitglieder reduzierte Bürgerausschuss dem Gemeinderatsbeschluss einstimmig zu.

~

„Geschehen Dettingen, den 12. September 1933
In Gegenwart: Bürgermeister und Gemeinderäte

Beratungsgegenstand
Friedhofskapelle betr.

Beschluß
Der Bürgermeister gibt bekannt, daß Architekt Ferdinand Kaibach erklärte, es wäre ihm nicht möglich, die Kapelle für den Betrag von 380 RM herzustellen.
Es wurde deshalb vom Gemeinderat der Bürgermeister beauftragt, der Einwohnerschaft bekannt zu geben, daß die Gemeinde gewillt wäre, evtl. ein Familiengrab auf ewige Zeiten in der Kapelle anzulegen, falls Liebhaber vorhanden wären, die den betreffenden Platz gegen einen Kaufwert von 500 RM übernehmen würden, welcher Betrag dann noch zur Herstellung der Kapelle verwendet würde.

Nach Vorlesen genehmigt und unterschrieben
Der Gemeinderat: Julius Assfahl
Lambert Heckler Konrad Schroff Johann Meßmer
Friedrich Schroff"

~

„Geschehen Dettingen den 16. September 1933
In Gegenwart: Bürgermeister und Gemeinderäte

Beratungsgegenstand
Friedhofskapelle betr.

Beschluß

Der Bürgermeister gibt bekannt, daß auf die öffentliche Bekanntmachung sich betr. Ankauf der Gräber in der in Aussicht gestellten Friedhofskapelle sich zwar niemand gemeldet habe, jedoch auf Rücksprache Herr Hauptlehrer Bogenschütz sich bereit erklärte, ein Familiengrab in der Kapelle gegen eine Entschädigung von 500 RM in bar anzukaufen, falls hierzu die bauamtliche Genehmigung erteilt wird. Der Gemeinderat nimmt das Angebot an.

Nach Vorlesen genehmigt und unterschrieben
Der Gemeinderat: Assfahl Bürgermeister
Lambert Heckler Konrad Schroff Friedrich Schroff
Johann Meßmer"

Anmerkung:
Mit den 500 RM von Hauptlehrer Bogenschütz und den 300 RM Grundstückserlös von Anna Demmler`s Grundstück war nun der Bau der Kapelle finanziert.

~

„Geschehen Dettingen, den 17. Oktober 1933
In Gegenwart: Bürgermeister und Gemeinderäte

Beratungsgegenstand
Lohnreglung der Maurer bei der Friedhofskapelle

Beschluß
Der Gemeinderat nimmt Kenntnis, wonach für die Maurer, die zur Zeit die Friedhofskapelle erstellen, ein Stundenlohn von 50 Reichspfennig ausbezahlt wird.

Nach Vorlesen genehmigt und unterschrieben

Jul. Assfahl Bürgermeister
Friedrich Schroff Johann Meßmer Lambert Heckler
Konrad Schroff"

~

„Geschehen Dettingen, den 3. Oktober 1934
In Gegenwart: Bürgermeister und Gemeinderäte

Beratungsgegenstand
Friedhofskapelle betr.

Beschluß
Der Gemeinderat beschließt, daß nun die Malerarbeiten von Franz Moser fertiggemacht werden sollten. Die Farben hierzu werden von der Gemeinde ausgelegt.

Nach Vorlesen genehmigt und unterschrieben:
Assfahl Bürgermeister
Lambert Heckler Konrad Schroff Johann Meßmer
Friedrich Schroff"

Anmerkungen:
Franz Moser war nicht „nur" ein Maler, sondern auch ein geschätzter Kunstmaler, der den Innenraum der Kapelle mit religiösen Motiven kunstvoll gestaltete.
Die mit den Jahren aufsteigende Feuchtigkeit in den Wänden führte zu starken Beschädigungen der Bilder. Bei einer Sanierung und Renovierung der Kapelle in 1992/93 waren die Wandbilder nicht mehr zu restaurieren; der Innenraum wurde neu gestaltet.

Die Kapelle wurde nie als Grabstätte genutzt.
Das Ehepaar Bogenschütz war kinderlos; es zog nach Kriegsende nach Kiechlinsbergen am Kaiserstuhl, wo beide auch ihre letzte Ruhestätte fanden.

(Siehe auch Kapitel „Wirtschaftskrise, Nationalsozialismus, 2. Weltkrieg“)

Durch die Anbringung der Gedenktafeln für die Gefallenen der Gemeinde in den beiden Weltkriegen wurde die Kapelle zur „Kriegerkapelle“.
Alljährlich findet bei der Kapelle die Gedenkfeier zum Volkstrauertag statt.

Bild: Die Friedhofskapelle , wie sie sich heute zeigt (2007)
(Bild: Marina Mollenhauer)

Der Teilort Wallhausen

Wallhausen, früher auch als Weiler, Filiale oder Nebenort bezeichnet, gehört seit „eh und je“ zu Gemeinde Dettingen und hat deswegen im Prinzip die gleiche Geschichte wie der „Hauptort“.
Durch die räumliche Trennung vom Hauptort und durch die Lage am See entwickelten die Wallhauser ein gewisses „Wir“ - Gefühl, dem mit diesem Kapitel Rechnung getragen sei!

Im Protokoll über die Ortsbereisung der Gemeinde Dettingen durch das Großherzogliche Bezirksamt Konstanz am 17. Dezember 1894 ist zu lesen:
„Die allgemeinen Verhältnisse der Gemeinde sind im Wesentlichen gleich geblieben (Anmerk.: seit der letzten Ortsbereisung in 1889)**: 577 Einwohner, davon etwa 100 in Walhausen.**
Wallhausen betreibt neben Obstbau hauptsächlich Fischerei und Schiffahrt.
Es sind 14 Familien, die der Fischerei obliegen mit ungefähr ebenso viel Gesellen; zwei Partien haben meist zusammen ein Schiff inne. Im Winter beschäftigen sie sich mit Holzarbeiten.
An großen Lastschiffen, auf 4- 6000 Mark je Lastschiff geschätzt, sind 2 vorhanden zur Beförderung von Gütern und gelegentlich auch Personen.“

Bild: Wallhauser Lastensegler (Lädine) beim Be/ Entladen im Überlinger Hafen Um 1910
Auf dem Schiff: 2.v.r. (mit Hut) Schiffseigner Adam Hamm, ganz rechts Sohn Adolf, am Mastbaum Sohn Mathäus (Bild: Ilse Singler)

~

„Geschehen Dettingen, den 6ten Oktober 1895
Gegenwärthig: Bürgermeister und Gemeinderath

Berathungsgegenstand
Die Herstellung der Seemauer im Weiler Wallhausen betr.

Beschluß
Zur Ausbesserung der betreffenden Mauer soll eine Schiffslast Steine angekauft und in öffentlicher Versteigerung zur Lieferung vergeben werden.

Der Gemeinderath: Bürgermeister Heckler

Adam Hamm Johann Schroff Jgnaz Hornstein alt
Johann Urnau Bernhard Maurer Baptist Späth jung.
Rathschreiber Vogel"

~

„Geschehen Dettingen, den 21ten Februar 1896
Gegenwärtig: Bürgermeister und Gemeinderath

Berathungsgegenstand
Die neuerbaute Wachhütte in Wallhausen betreff.

Beschluß
Auf schriftliche Erklärung des Großhrzgl. Steueramt Konstanz vom 18ten Februar d.J. wird dem Antrag des Grhz. Zöllner mit der Bedingung entsprochen, dass fragliche Übereinkunft auf Kosten des Grhz. Zöllners ins Grundbuch dahier eingetragen werden soll.

Der Gemeinderath: Bürgermeister Heckler
Adam Hamm Johann Schroff Jgnaz Hornstein alt
Johann Urnau Bernhard Maurer Baptist Späth jg.
Rathschreiber Vogel"

Anmerkung:
Der Inhalt der fraglichen Übereinkunft ist nicht bekannt, aber man kann aus dem Vorgang ersehen, dass um diese Zeit in Wallhausen noch in ein neues Zollhäuschen investiert wurde.
Bei dem regen Güter - und Personenverkehr auf dem Seewege nach Wallhausen waren wohl manche Zölle fällig.

~

Im Protokoll über die Ortsbereisung vom 20. Oktober 1896 ist notiert:

„Bei der Rückfahrt über Wallhausen hat man die Stelle besichtigt, an welcher Fischer Alois Welte beabsichtigt, einen Graben als Fahrrinne zum Landen bei niedrigem Wasserstand auszuheben, und hat sich dann überzeugt, daß durch die Anlage keine öffentlichen und privaten Rechte berührt werden.
Sodann hat man noch den Wirt Max Hamm „Zum Schiff" in Wallhausen angehört, welcher ein Fahrweg vom Grenzwächterhaus bis zu seiner Wirtschaft an Stelle des Fußweges durch die Gemeinde angelegt haben möchte, da diese Anlage im Interesse des Fremdenverkehrs gelegen sei."

~

„Geschehen Dettingen, den 8ten November 1896
Anwesend sind Bürgermeister und Gemeinderath

Berathungsgegenstand
Die Herstellung eines Fahrweges von der Grenzwächterhütte bis zum Gasthaus Zum Schiff in Wallhausen betreff.

Beschluß
Der Gemeinderath überlässt den zwei betroffenen Eigenthümern die Herstellung des genannten Fahrweges auf ihre eigenen Kosten und auf ihr freiwilliges Abkommen, indem die Gemeinde nicht pflichtig ist, ein Privatweg zu erstellen.

Der Gemeinderath: Heckler Bürgermeister
Adam Hamm Johann Schroff Johann Urnau Bernhard Maurer
Jgnaz Hornstein alt Baptist Späth jg.
Vogel Rathschreiber"

Anmerkung:
Wo bleibt da die Förderung des Fremdenverkehrs durch die Gemeinde?

~

„Geschehen Dettingen, den 20ten August 1899
Gegenwärtig: Bürgermeister und Gemeinderath

Berathungsgegenstand
Die Ausbesserung der Seemauer in Wallhausen betreff.

Beschluß
Nachdem von einer Betonherstellung Umgang genommen wurde und die Stelle mit Rorschachsteinen (Anmerkung: harter Sandstein**) hergestellt wurde, wird wegen der Schwierigkeit der Arbeit der volle Betrag ausbezahlt.**

Der Gemeinderath: Bürgermeister Heckler
Johann Urnau Bernhard Maurer Baptist Späth jg.
Jgnaz Hornstein alt Johann Schroff Adam Hamm
Rathschreiber Vogel"

~

„Geschehen Dettingen den 22ten Dezember 1901
Gegenwärthig: Bürgermeister und Gemeinderath

Berathungsgegenstand
Die Besoldung des Meßmers in der Filiale Wallhausen betr.

Beschluß

Nachdem durch die Filialbewohner in Vertretung des Gemeinderates Adam Hamm der Antrag gestellt wurde, daß die Ortseinwohner es für ungerecht finden, daß sie ihren Meßmer selbst besolden müßen, der die Verpflichtung hat, die Tageszeiten zu läuten, stellen sie das Gesuch, den Gehalt mit 48 M. jährlich auf die Gemeindekasse zu übernehmen.
Dem Antrag wird entsprochen, wenn von der Verwaltungsbehörde (Anmerkung: Bezirksamt Konstanz**) keine Einsprüche erhoben werden.**

Der Gemeinderath: Heckler Bürgermeister
Baptist Späth Bernhard Maurer Adam Hamm Valentin Straub
Josef Fuchs Johann Schroff"

~

„Geschehen Dettingen den 15ten August 1902
Gegenwärthig: Bürgermeister und Gemeinderath

Berathungsgegenstand
Die Erstellung von Ortsbrunnen im Weiler Wallhausen betreff.

Beschluß
Es soll ein Ventilbrunnen (Anmerkung: mit Abstellhahn**) erstellt werden. Von Erstellung weiterer Brunnen soll vorderhand Umgang genommen werden.**

Der Gemeinderath: Heckler Bürgermeister
Baptist Späth Bernhard Maurer Adam Hamm Valentin Straub
Josef Fuchs Johann Schroff
Rathschreiber Vogel"

Anmerkung:
Die zentrale Wasserversorgung war erstellt. Der Schwachpunkt war aber über viele Jahre hinweg die je nach Jahreszeit zu geringe Ergiebigkeit der Quellen.

~

„Geschehen Dettingen den 23ten Oktober 1902
Gegenwärthig: Bürgermeister und Gemeinderath
Berathungsgegenstand
Die Überbrückung des Tobels in Wallhausen betreff.

Beschluß
Nach einer Verhandlung vom 12ten Oktober mit den Ortseinwohnern von Wallhausen wegen Überbrückung des Tobels mit einer Dole und Erdauffüllung wurde Antrag gestellt, daß die Interessenten an dem Kostenaufwand einen Theil zu übernehmen hätten.

Dieselben erklärten, 100 M. zur Ausführung zu leisten mit der Anforderung, daß ein Feldweg von der Hintergasse bis zum Burgfeld mit angelegt werden müßte, wozu die Betheiligten das Gelände unentgeldlich abzutreten erklärten.

Der Gemeinderath ist der Ansicht, daß der Kostenaufwand zur jetzigen Zeit die Gemeindekasse zu stark belaste und kann auf diesen Antrag nicht eingegangen werden.

Um aber die in Frage stehende Ausführung der Brücke, welche auch zur Wasserleitung von Nutzen wäre, im Auge behalten bleiben soll, stellt der Gemeinderath den Antrag, daß die Beteiligten 100 M. leisten sollen, vorbehaltlich der Zustimmung des Bürgerausschußes, ohne die Ausführung des beantragten Feldweges.

Der Gemeinderath: Heckler Bürgermeister
Bernhard Maurer Baptist Späth Johann Schroff
Valentin Straub
Rathschreiber A. Vogel"

Der Bürgerausschuss fasste dazu folgenden Beschluss:
„Der Bürgerausschuß genehmigt die Ausführung der Überbrückung des Tobels mittels Cementdohle und Auffüllung zu einer Fahrbahn, um den Wasserleitungsstrang einbauen zu können, wenn der Kostenaufwand hierzu 600 M. nicht übersteigt, wenn auch die Weiterführung des Feldweges vom Tobel zum gedachten Zweck überbrückt wird."

~

„Geschehen Dettingen den 28ten Februar1904
Gegenwärtig Bürgermeister und Gemeinderath

Berathungsgegenstand
Die Erstellung eines Landungssteges in Wallhausen betreff.

Beschluß
Auf die unterm 22ten d.M. hier eingetroffenen Akten des Grhz. Bezirksamtes Konstanz und Überlingen betreffs der Erstellung eines Landesteges für ein Motorboot zur Bestreitung der entstehenden Kosten, wozu die Gemeinde Dettingen zu einem Beitrag aufgefordert ist, hat der Gemeinderath beschlossen vorbehaltlich der Genehmigung des Bürgerausschußes einen einmaligen Beitrag mit 100 M. aus der Gemeindekasse zu genehmigen unter der Voraussetzung, daß die Überfahrt im Sommerhalbjahr per 1904, 1905 und 06 kursmäßig fortgesetzt wird.

Der Gemeinderath Heckler Bürgermeister
Bernhard Maurer Baptist Späth Johann Schroff
Valentin Straub Adam Hamm
A. Vogel Rathschreiber"

Anmerkung:
Der Bürgerausschuss stimmte am 24. Mai dem Gemeinderatsbeschluss zu.

~

„Geschehen Dettingen den 30. Januar 1906
In Gegenwart Bürgermeister und Gemeinderat

Beratungsgegenstand
Die Aufstellung einer Laterne in Wallhausen

Beschluß
Nachdem ein neuer Steg in Wallhausen angelegt wird, soll am Ausgangspunkt in Nähe der Zollhütte eine Straßenlaterne angebracht werden.

Heckler Bürgermeister
Valentin Straub Bernhard Maurer Baptist Späth Adam Hamm
Johann Schroff Josef Fuchs"

~

„Geschehen Dettingen den 26. Mai 1907
Gegenwärtig: Bürgermeister und Gemeinderat

Beratungsgegenstand

Die Bestimmung von Badeplätzen

Beschluß
Die Badeplätze in Wallhausen für männliche und weibliche Personen sollen durch entsprechende Tafeln bezeichnet werden.
Der Gemeinderat: Heckler Bürgermeister
Bernhard Maurer Baptist Späth Adam Hamm Johann Schroff
Valentin Straub Josef Fuchs
A.Vogel Ratschreiber"

Anmerkung:
Die Infrastruktureinrichtungen an den beiden Badeplätzen bestanden lediglich aus den Hinweistafeln.

~

„Geschehen Dettingen den 15. Juli 1907
Gegenwärtig: Bürgermeister und Gemeinderat

Beratungsgegenstand
Die Unterhaltung des Steges in Wallhausen betreff.

Beschluß
Die Gemeinde lehnt die Unterhaltungspflicht vollständig ab.

Der Gemeinderat: Heckler Bürgermeister
Bernhard Maurer Baptist Späth Adam Hamm Johan Schroff
Josef Fuchs Valentin Straub
A.Vogel Ratschreiber"

Anmerkung:
Kein Wunder fühlen sich die Wallhauser bis heute noch von den Dettingern manchmal stiefmütterlich behandelt!!!

~

„Geschehen Dettingen den 22. Dezember 1907
Gegenwärtig: Bürgermeister und Gemeinderat

Beratungsgegenstand
Die Beitragsleistung zum Landungssteg in Wallhausen betr.

Beschluß
Der Gemeinderat ist dazu bereit, an einer etwa nötigen Reparatur einen Beitrag von 10% mit der Bedingung einer spezifizierten Rechnung zu leisten.

Der Gemeinderat Heckler Bürgermeister
Bernhard Maurer Adam Hamm Johann Schroff
Valentin Straub Josef Fuchs
A. Vogel Ratschreiber"

Im Protokoll über die Ortsbereisung der Gemeinde Dettingen am 8. August 1908 durch das Bezirksamt Konstanz ist vermerkt:
„ Durch den Landungssteg in Wallhausen und die regelmäßigen Motorfahrten im Sommer durch Schiffer Beurer von Überlingen ist der Verkehr von und nach Wallhausen sehr gefördert worden.
Die Gemeinde leistet einmalig 100 Mk. und 10 Mk. jährlich Unterhaltungsbeitrag aus der Gemeindekasse für den Landungssteg."

~

„Geschehen Dettingen den 13. September 1910
Vor dem Gemeinderat

Beratungsgegenstand
Der Beitrag der Gemeinde Dettingen für Hochwasserbeschädigte betr.

Beschluß

Die Gemeinde bewilligt einen Beitrag von 30 M. für die Wasserbeschädigten, welche an Gebäuden und Bäumen Schaden gelitten haben.

Der Gemeinderat Heckler Bürgermeister
Baptist Späth Josef Fuchs Valentin Straub Julius Schroff
Gebhard Dullenkopf

A.Vogel Ratschreiber"

~

„Geschehen Dettingen den 19. Oktober 1910
Vor dem Gemeinderat

Beratungsgegensand

Die Vergütung von Wasserschäden in Wallhausen

Beschluß

Dem Adam Hamm und Johann Boßart in Wallhausen, welche beim Bürgermeister ein Schaden für drei Kirschbäume mitteilten mit der Bemerkung, daß ihnen keine Vergütung zu Teil wurde, wird denselben erwidert, daß die fraglichen Bäume auf Gemarkung Dingelsdorf stehen, wofür die Gemeinde Dettingen nicht aufkommt.

Der Gemeinderat Heckler Bürgermeister
Baptist Späth Josef Fuchs Valentin Straub Julius Schroff
Gebhard Dullenkopf

A.Vogel Ratschreiber"

~

„Geschehen Dettingen den 16. Juli 1911
Gegenwärtig: Bürgermeister und Gemeinderat

Beratungsgegenstand
Die Anschaffung eines Telefons in Wallhausen betreff.

Beschluß
Die Anschaffung eines Telefons für die Filiale Wallhausen soll beim Bürgerausschuß beantragt werden. Vorher soll bei der kaiserlichen Poststation noch angefragt werden, ob der Preis nicht ermäßigt werden könnte.

Der Gemeinderat: Heckler Bürgermeister
Baptist Späth J. Baptist Okle Josef Fuchs
Valentin Straub Gebhard Dullenkopf
Julius Schroff

A.Vogel Ratschreiber"

~

„Geschehen Dettingen den 30. Juli 1911
Gegenwärtig: Bürgermeister und Gemeinderat

Beratungsgegenstand
Die Feuerlöschgerätschaften in Wallhausen betreff.

Beschluß
Es soll für die Wallhauser Feuerlöschmannschaft eine neue Anstellleiter beschafft werden, ebenso 1 Stockleiter und eine kleine Anstellleiter.
Ferner soll für die Freiwillige Feuerwehr 100 Meter Schläuche mittlerer Sorte angeschafft werden.

Der Gemeinderat: Heckler Bürgermeister
J. Baptist Okle Baptist Späth

Josef Fuchs   Valentin Straub   Gebhard Dullenkopf
Julius Schroff
A.Vogel Ratschreiber"

~

„Geschehen Dettingen den 19. März 1912
Gegenwärtig: Bürgermeister und Gemeinderat

Beratungsgegenstand
Die Beschaffung eines Telefons in Wallhausen betreff.

Beschluß
Nach Antrag des Schiffswirt Stefan Hamm und der Interessenten vom 3. Dezember v.J. soll für Besorgung des Telefons dem Gesuchsteller 30 M. aus der Gemeindekasse bezahlt werden. Der Anschluß soll von Dettingen aus angeschlossen werden.

Der Gemeinderat: Heckler Bürgermeister
Baptist Späth   Josef Fuchs   Valentin Straub
Gebhard Dullenkopf   J. Baptist Okle   Julius Schroff
A.Vogel Ratschreiber"

~

„Geschehen Dettingen den 4. August 1912
Gegenwärtig: Bürgermeister und Gemeinderat

Beratungsgegenstand
Die Farrenhaltung in Wallhausen betreff.

Beschluß

Es soll durch den Stabhalter Umfrage gehalten werden, ob jemand geneigt wäre, den Farren zu übernehmen.

Der Gemeinderat: Heckler Bürgermeister
Baptist Späth Josef Fuchs Valentin Straub
Gebhard Dullenkopf J. Baptist Okle Julius Schroff
A.Vogel Ratschreiber"

Anmerkung:
Der Stabhalter war in früheren Jahrhunderten der Verwaltungsbeamte einer Herrschaft über das Dorf, der gleichzeitig Richter – der den Stab, d.h. Gericht hält, – oder der Ortsvorsteher war.
In der neueren Zeit, z. B. im Großherzogtum Baden, hatte der Stabhalter nur noch überwachende Funktionen.
Für Wallhausen bedeutete dies: Ein Mitglied des Gemeinderates war immer ein Bürger aus Wallhausen. Er wurde dann manchmal noch als Stabhalter der Gemeindeverwaltung Dettingen bezeichnet und hatte „überwachende“ Aufgaben, d.h. er sollte verstärkt die Interessen des Teilortes Wallhausen einbringen und vertreten.
Von 1910 bis 1919 war dies der Fischer Gebhard Dullenkopf.

~

„Geschehen Dettingen den 18. August 1912
Gegenwärtig: Bürgermeister und Gemeinderat

Beratungsgegenstand
Die Farrenhaltung betreff.

Beschluß
Nachdem sich für die Farrenhaltung in Wallhausen niemand gemeldet hat, so soll der Farren in Wallhausen in den Farrenstall in Dettingen verbracht werden.

Der Gemeinderat: Heckler Bürgermeister
Baptist Späth Josef Fuchs Valentin Straub
J. Baptist Okle Gebhard Dullenkopf Julius Schroff
A. Vogel Ratschreiber"

Anmerkung:
Der weite Weg nach Dettingen; die armen Kühe.
Aber schon am 19. November protokollierte der Gemeinderat, dass sich Adam Heckler Witwe bereit erklärte, den für Wallhausen bestimmten Farren zu übernehmen.

~

„Geschehen Dettingen den 8. September 1912
Gegenwärtig: Bürgermeister und Gemeinderat

Beratungsgegenstand
Die Serenade am 7. September betreff.

Beschluß
Zur Serenade am 7. September auf der Insel Mainau anlässlich des Kaiserbesuches wurden nachstehende Kosten der Gemeindekasse in Ausgabe angewiesen:

Dem Schiffer Boßart Schifflohn	**2M. 10Pf.**
Für Lampion 16 Dutzend mit Kerzen	**38M. 30Pf.**
Für Feuerwerkskörper	**10M.**

Der Rest mit 26 M. zahlt die Gemeinde Litzelstetten.

Den Fischern von Wallhausen soll für Teilnahme an der Serenade ein Trunk, bestehend in Bier 50 Liter auf Kosten der Gemeinde verabreicht werden.

Der Gemeinderat: Heckler Bürgermeister
Baptist Späth Josef Fuchs Valentin Straub
J. Baptist Okle Julius Schroff Gebhard Dullenkopf
A. Vogel Ratschreiber"

Anmerkung:
Im September 1912 besuchte Kaiser Wilhelm II. seinen nahen Verwandten Großherzog Friedrich II. auf dessen Sommerresidenz Mainau.

~

Interessante Informationen über Wallhausen sind auch wieder einem Ortsbereisungsprotokoll, diesmal vom 5. Dezember 1912 zu entnehmen:

„Der Nebenort Wallhausen,
mit seinen idyllisch am Ufer des Überlingersee zerstreut liegenden Anwesen macht schon äußerlich einen wohlhabenderen Eindruck wie der Hauptort Dettingen.
Tatsächlich haben auch seine Einwohner – ihre Zahl belief sich bei der letzten Volkszählung auf 148 – (Anmerkung: die Gesamtgemeinde zählte 637 Einwohner**) infolge der Fischerei, die sie neben der Landwirtschaft betreiben, einen ständigen guten Verdienst.**
Das stattliche dicht am See gelegene Wirtshaus „Zum Schiff" zeigt, daß auch die Fremden gerne in Wallhausen ankehren und seine landschaftlichen Reize bewundern. Seit diesem Jahr hat sich sogar der erste Villenbesitzer dort angesiedelt, indem ein Dr. v. Lachner von Heidelberg am Ufer neben dem „Schiff" ein Landhaus erstellt hat, in welchem er die Sommermonate zubringen will.
Zum Bedauern der vielen Spaziergänger, die gewohnt waren, den Weg von Wallhausen nach Bodman am Seeufer entlang zu wandern, ist durch dieses Landhaus der Fußweg am See entlang auf einige hundert Meter unterbrochen. Der von Dr. v. Lachner als Ersatz auf halber Höhe angelegte neue Fußweg bietet übrigens

einen so schönen Blick auf das gegenüber liegende Seeufer, daß sich die Spaziergänger wohl bald mit der Neuerung abgefunden haben werden. ...“

Bildtext: Hafen Wallhausen um 1910; ganz hinten das Wirtshaus „Zum Schiff“ (Bild: Sammlung Helmut Gloger)

„Geschehen Dettingen den 2. Februar 1913
Vor dem Gemeinderat

Beratungsgegenstand
Die Anschaffung des Telefons in Wallhausen betreff.

Beschluß
Das Telefonamt in Konstanz soll angefragt werden, ob die Aufstellung dieses Frühjahr noch erfolgt. Zugleich soll mit Stefan Hamm (Anmerkung: Zur Erinnerung: der Schiffswirt**) ein Vertrag abgeschlossen werden über die Bedienung des Telephons.**

Der Gemeinderat: Heckler Bürgermeister

Valentin Straub Josef Fuchs Gebhard Dullenkopf
Julius Schroff J. Baptist Okle
A.Vogel Ratschreiber"

Anmerkung:
Eintragungen in Protokollen des Gemeinderates, die speziell Wallhauser Angelegenheiten zum Thema haben, finden sich, bedingt wohl auch durch den 1. Weltkrieg, erst Jahre später wieder

~

„Geschehen Dettingen den 28. September 1919
Vor versammeltem Bürgerausschuß

Zur Beratung und Beschlussfassung über die Beileitung weiterer Wasserquellen zur Wasserleitung Wallhausen aus dem Domäneärarischen Wald Eulenbach mit einem Kostenaufwand von 24.000 Mark.

Es sind 40 Stimmberechtigte anwesend.
Danach antworteten mit „ja" vierzig der anwesenden Stimmberechtigten.

Der Vorsitzende: Heckler Bürgermeister
Die Urkundspersonen: Josef Roth Mathäus Trummer
Der Protokollführer: Karl Heckler Ratschreiber"

Anmerkung: Der Wassermangel in Wallhausen war immer noch ein Problem

~

„Geschehen Dettingen, den 18. April 1920
In Gegenwart von Bürgermeister und Gemeinderat

Beratungsgegenstand
Gesuch um Lagerplatz für Langholz des Sägewerks Wallhausen GmbH Dokt. Lachner betref.

Beschluß
Der unterm 17. April 1920 vorgelegte Lageplan über Lagerplatz für Langholz wird um einen jährlichen Pachtbetrag mit 50 Mark, vorbehaltliches Zufahrtsrecht für die Fischer und Schiffer, mit einer Länge von 20 Meter, vom Gemeinderat auf unbestimmte Zeit genehmigt.

Der Gemeinderat: Bürgermeister Heckler
Valentin Straub J. Baptist Okle Julius Schroff Heinrich Späth
Adolf Hamm Josef Fuchs
K. Heckler Ratschreiber"

Anmerkung:
Hierzu ein Auszug aus dem Protokoll über die Ortsbereisung am 27. Oktober 1921; durch den Unterbruch im 1. Weltkrieg übrigens wieder die erste seit dem Jahre 1912:

„Der Landungssteg im Nebenort Wallhausen befindet sich in sehr schlechtem Zustand, überhaupt wird der ganze Landungsplatz, an dem das ständig sich vergrößernde Dampfsägewerk von Dr. Lachner liegt, der Gemeindeverwaltung noch viel zu schaffen machen, schon deshalb, weil die zahlreichen Stämme über den Weg unmittelbar in den See geladen werden, sodass jener oft längere Zeit für Fuhrwerke gesperrt ist."

~

„Geschehen Dettingen, den 28. Mai 1922
In Gegenwart von Bürgermeister und Gemeinderat

Beratungsgegenstand
Gesuch des Adam Hamm betr.

Beschluß
Dem Gesuch des Adam Hamm in Wallhausen für Schiffabfertigung bzw. Ausstellung von Verladescheinen wird insofern entsprochen, daß ein Wartegeld mit 250 Mark von der Gemeinde bezahlt wird. Es soll beim Hauptzollamt angefragt werden, ob nicht von dort eine Beitragsleistung gegeben wird.

Der Gemeinderat: Schulter Bürgermeister
Josef Fuchs Heinrich Späth Valentin Straub J. Baptist Okle
Adolf Hamm Julius Schroff
K. Heckler Ratschreiber"

Anmerkung:
Es herrschte im Wallhauser Hafen wohl ein reger Güterverkehr.

~

„Geschehen Dettingen, den 3. Mai 1923
In Gegenwart von Bürgermeister und Gemeinderat

Beratungsgegenstand
Gesuch der Gebrüder Viktor und Pius Gieß in Wallhausen um Erlaubnis zum Betrieb einer Schankwirtschaft im Haus Nr. 12 betreff.

Beschluß
Der Gemeinderat hat von dem Antrag Kenntnis genommen und hat gegen die Bekanntgabe des obigen Gesuches nichts einzuwenden.

Der Gemeinderat: Schulter Bürgermeister
Josef Fuchs Josef Demmler Julius Demmler

Richard Späth Adolf Bossart Adolf Hamm
K. Heckler Ratschreiber"

~

„Geschehen Dettingen, den 28. März 1924
In Gegenwart von Bürgermeister und Gemeinderat

Beratungsgegenstand
Beitragsleistung an die Gemeinde Dingelsdorf zur Erhaltung der Poststelle betreff.

Beschluß
Der Gemeinderat Dettingen entspricht dem Gesuche des Gemeindeamt von Dingelsdorf insofern, daß für das Jahr 1924 ein Betrag zur Erhaltung der Poststelle in Dingelsdorf, die für das Filial Wallhausen wichtig ist, einen Betrag mit 50 Mark geleistet wird.

Auf Vorlesen genehmigt und unterschrieben
Der Gemeinderat: Schulter Bürgermeister
Josef Fuchs Adolf Hamm Josef Demmler Richard Späth
Julius Demmler Adolf Bossart
K. Heckler Ratschreiber"

Anmerkung:
Ein in heutiger Zeit wieder aktuelles Thema! Wo bleibt da der Fortschritt!

~

„Geschehen Dettingen, den 13. Juli 1924
In Gegenwart von Bürgermeister und Gemeinderat

Beratungsgegenstand
Erstellung eines Boothafens in Wallhausen betr.

Beschluß
Da es notwendig geworden ist, die Seemauer in Wallhausen auszubessern und zu verlängern, soll ein Betrag mit 300–400 Mark im Voranschlag eingestellt werden. Mit dem Forstamt Konstanz, den Schiffern und Fischer in Wallhausen soll in Verhandlung getreten werden.

Auf Vorlesen genehmigt und unterschrieben
Der Gemeinderat: Schulter Bürgermeister
Adolf Hamm Adolf Bossart Julius Demmler Josef Demmler
K. Heckler Ratschreiber"

Anmerkung:
Zwei Jahre später war man in der Sache immerhin schon etwas weiter.

~

Protokoll über die Ortsbereisung vom 15. Mai 1926:

„Gewerbliche Betriebe sind in der Gemeinde außer dem Dampfsägewerk des Dr. v. Lachner am See in Wallhausen nicht vorhanden. Stark in Mitleidenschaft gezogen werden durch diesen Betrieb nicht nur die am Seeufer in Wallhausen entlang führenden Gemeindewege, sondern auch der Anlandehafen mit Landungssteg in Wallhausen, der infolge starker Beschädigung seinem Zweck nicht mehr entspricht, zumal nun auch zwei Motorlastschiffe dort stationiert sind.
Der Gemeinderat hat deshalb bereits durch das Wasser–und Straßenbauamt Konstanz ein Projekt zu einer neuen Hafenanlage ausarbeiten lassen, wonach Gemeinde und Domäne (letztere

wegen der starken Holzabfuhr) einen gemeinsamen Lagerplatz mit Hafenanlage errichten sollen."

~

„Geschehen Dettingen, den 31. Januar 1927
In Gegenwart: Bürgermeister und Gemeinderat

Beratungsgegenstand
I. Erstellung einer Hafenanlage in Wallhausen betr.

Beschluß
Es soll die Hafenanlage in Wallhausen nach den vorgelegten Planfertigungen des Wasser – und Straßenbauamtes in Konstanz ausgeführt werden. Der Kostenbetrag mit etwa 10-12000 Mark soll von der Gemeinde Dettingen übernommen werden. Die Schiffer und Fischer leisten an die Gemeindekasse Dettingen einen Kostenbeitrag in Höhe von etwa 4000 Mark. Der Restbetrag wird auf die Gemeindekasse übernommen.

II. Verwendung des für die Kinderschule mit Krankenpflege genehmigten außerordentlichen Holzhiebes betr.

Beschluß
Der seinerzeit vom Bürgerausschuß genehmigte und von dem Ministerium (Abtl. Forst) ebenfalls genehmigte außerordentliche Holzhieb soll an Stelle der auf unbestimmte Zeit vertagten Erstellung einer Kleinkinderschule mit Krankenpflege für die Erstellung einer Hafenanlage in Wallhausen verwendet werden.

Auf Vorlesen genehmigt und unterschrieben
Der Gemeinderat: Bürgermeister Okle

Julius Demmler Johann Hornstein Josef Müller Felix Kaibach
Lambert Heckler Richard Späth
K. Heckler Ratschreiber"

Anmerkung:
Und das, obwohl das Protokoll der Ortsbereisung am 15. Mai 1926 im Zusammenhang mit der Finanzierung der Hafenanlage in Wallhausen die Meinung des Gemeinderates wiedergibt: **„Ein außerordentlicher Holzhieb, aus dem etwa ein Teil des Aufwandes bestritten werden könne, komme nicht in Frage, da der Gemeindewald während der Kriegszeit schwer verhauen worden sei."**

~

„Geschehen Dettingen, den 20. April 1927
In Gegenwart: Bürgermeister und Gemeinderat

Beratungsgegenstand
Übergabe der Hafenanlage in Wallhausen zum öffentlichen Verkehr betr.

Beschluß
Es soll von einer öffentlichen Übergabe der Hafenanlage zum Verkehr Abstand genommen werden.
Die Übergabe soll nur durch öffentliche Bekanntgabe (Ortsschelle) geschehen.

Der Gemeinderat: Okle Bürgermeister
Julius Demmler Johann Hornstein Josef Müller Felix Kaibach
Richard Späth Lambert Heckler
K. Heckler Ratschreiber"

Anmerkung:
Da wurde wohl mit Hochdruck gearbeitet, wenn man sich nach nur drei Monaten schon Gedanken über das „Hafenfest“ machte!

Bild: Wallhausen mit Hafen und dem Sägewerk um 1930
(Bild: Sammlung Helmut Gloger)

„Geschehen Dettingen, den 1. Mai 1927
In Gegenwart: Bürgermeister und Gemeinderat

Beratungsgegenstand
Hafenaufsicht in Wallhausen betr.

Beschluß
Zur Aufsichtsperson in der Hafenanlage in Wallhausen wird vom Gemeinderat der Polizeidiener Konstantin Gieß ernannt, ohne Vergütung.

Auf Vorlesen genehmigt und unterschrieben
Der Gemeinderat: Okle Bürgermeister
Richard Späth Felix Kaibach Lambert Heckler
Johann Hornstein Julius Demmler Josef Müller
K. Heckler Ratschreiber"

~

„Geschehen Dettingen, den 8. Januar 1932
In Gegenwart: Bürgermeister und Gemeinderat

Beratungsgegenstand
Instandsetzung der Seemauer in Wallhausen betr.

Beschluß
Die Neuerstellung der Seemauer soll mit einem Kostenaufwand von cirka 720 Reichsmark ganz durchgeführt werden, wenn die Wasserverhältnisse die Ausführung zulassen. Es sollen dabei die Arbeiter, d.h. die Maurer nicht nur von Dettingen, sondern auch von Wallhausen berücksichtigt werden.

Der Gemeinderat: Okle Bürgermeister
Josef Demmler Lambert Heckler Johann Roth Adolf Hamm
Konrad Schroff Julius Demmler
K. Heckler Ratschreiber"

Anmerkung:
Es war die Zeit der großen Arbeitslosigkeit.

~

„Geschehen Dettingen, den 14. Juli 1933
In Gegenwart: Der Gemeinderat

Beratungsgegenstand
Badestelle Wallhausen

Beschluß
Der Gemeinderat beschließt, um der Unordnung die an der Badestelle herrsche vorzubeugen, strenge Maßnahmen zu treffen, indem der Feldhüter und Polizei angewiesen sind, für Ordnung zu sorgen.

Nach Vorlesen genehmigt und unterschrieben
Der Gemeinderat:
Lambert Heckler Wilhelm Maurer Adolf Hamm Konrad Schroff
Julius Assfahl Ratschreiber"

~

„Geschehen Dettingen, den 25. September 1933
In Gegenwart: Bürgermeister und Gemeinderat

Beratungsgegenstand
Redigierung der Beiträge der Schiffer und Fischer zum seinerzeitigen Hafenbau in Wallhausen betr.

Beschluß
Auf Antrag des Gemeinderats Johann Meßmer Wallhausen sollen die Beiträge der Schiffer und Fischer von der Filiale Wallhausen um 10% ermäßigt werden.
Der Gemeinderat stimmt dem Vorschlag zu und genehmigt einen Nachlaß von 10% für sämtliche Schiffer und Fischer auf Grund der seinerzeit gemachten Auflage.

Nach Vorlesen genehmigt und unterschrieben.
Der Gemeinderat: Jul. Assfahl Bürgermeister
Lambert Heckler Konrad Schroff Johann Meßmer
Friedrich Schroff"

~

„Geschehen Dettingen, den 13. Januar 1934
In Gegenwart von Bürgermeister und Gemeinderat

Beratungsgegenstand
Die Ausbaggerung des Hafens in Wallhausen

Beschluß
Der Gemeinderat nimmt Kenntnis von den Angeboten der verschiedenen Baggergesellschaften, die sich der Gemeinderat Johann Meßmer von Wallhausen ausfertigen ließ. Sie erscheinen dem Gemeinderat etwas zu hoch, es soll mit der Firma Meichle und Mohr noch einmal verhandelt werden.

Nach Vorlesen genehmigt und unterschrieben

Der Gemeinderat: Assfahl Bürgermeister
Lambert Heckler Konrad Schroff Johann Meßmer
Friedrich Schroff"

Anmerkung:
In seiner Sitzung am 20. Januar 1934 stimmte der Bürgerausschuss dem Gemeinderatsbeschluss zu mit der Bedingung, dass die Kosten unter 1000 RM. bleiben.

~

„Geschehen Dettingen, den 20. Februar 1934
In Gegenwart: Bürgermeister und Gemeinderat

Beratungsgegenstand
Ausgrabung des Hafens in Wallhausen

Beschluß
Der Gemeinderat beschließt, daß das Ausgraben des Hafens in Wallhausen nun fertiggestellt werden soll und hierfür der Betrag von 80 RM. aufgewendet wird. Hierzu sollen 4 bis 5 Fischer in Frage kommen.

Nach Vorlesen genehmigt und unterschrieben
Der Gemeinderat: Assfahl Bürgermeister
Lambert Heckler Konrad Schroff Johann Meßmer
Friedrich Schroff"

Anmerkung:
Es ging hier wohl nur noch um die „Feinarbeit" nach Abschluss der Baggerarbeiten.

~

„Geschehen Dettingen, den 21. Juli 1935
In Gegenwart: Bürgermeister und Gemeinderat

Beratungsgegenstand
Sommerseenachtsfest im Überlingersee am 17. August 1935 betr.

Beschluß
Der Gemeinderat beschließt, daß anläßlich des Seenachtsfestes zu Illuminationszwecken ein Betrag von 20-25 RM. gewährt wird.

Der Gemeinderat: Bürgermeister Assfahl
Lambert Heckler Konrad Schroff Johann Meßmer
Friedrich Schroff"

Anmerkung:
Wie schon im Vorwort erwähnt, wurden zwischen 1933 und 1945 die Ratsprotokolle immer spärlicher. Spezielle Wallhauser Themen wurden nicht mehr behandelt.

~

In den noch vorhandenen Ausgaben des **„Gemeindeanzeiger Gemeinde Dettingen"** der Jahre 1941 bis 1944 finden sich noch ganz vereinzelt ein paar erwähnenswerte Artikel; z.B.:

Gemeindeanzeiger: 6. März 1941
„Wallhausen: An alle, die es angeht.
Wiederholt wird beanstandet, daß das Seeufer mit Unrat jeder Art verschandelt wird. Im Interesse eines anständigen Eindrucks sei erwähnt, daß Reisig, Dornen, Gartenabraum, alte Kessel und sonstiges Gelump nicht an den See geworfen werden darf.
Der Tobel ist ebenfalls rein zu halten. Ferner werden die Angrenzer ersucht, die kahlen Abrutschstellen mit Gebüsch zu bepflanzen um weiterer Abrutschgefahr vorzubeugen.
Verboten ist, den Fußweg vom Unterdorf ins Oberdorf (Anmerkung: vermutlich der Kapellenweg) **mit Vieh und Wagen zu befahren.**
Polizeilich wird von Überlingen beanstandet, Wallhausen habe schlecht verdunkelt. Die eingesetzten Kontrollen werden die Verdunklungssünder zur Anzeige bringen.
gez. Johann Meßmer, Gemeinderat"

Gemeindeanzeiger: 26. April 1941
„Betrifft die Anstößer vom Tobel in Wallhausen.
Es sind Klagen eingelaufen, daß immer und immer wieder aller möglicher Unrat von den Anstößern in das Tobel geworfen wird. Vor allem wird versucht, mit Baumreisig das Tobel wieder aufzufüllen, sodaß die letztes Jahr von der Gemeinde

angebrachten Rechen ihren Zweck im Ernstfall nicht mehr erfüllen können.
Gemeinderat Meßmer hat den Auftrag, das Tobel zu beaufsichtigen und derartige Zuwiderhandlungen zur Anzeige zu bringen.

Der Bürgermeister"

Gemeindeanzeiger: 31. Januar 1942

„Besichtigung der Webschule Wallhausen
Heute Samstag nachmittags von 3 bis 6 Uhr steht die Webschule der allgemeinen öffentlichen Besichtigung offen.

Die Webschulleiterin"

Gemeindeanzeiger: 2. Mai 1942

„Luftschutzübung
Die bereits in der letzten Nummer des Gemeindeanzeigers angesagte Luftschutzübung findet am Sonntag den 3. Mai statt.
Vormittags von 8 bis 10 Uhr Luftschutzunterricht.
... Bei der Hauptübung wirkt dann noch die Feuerlöschpolizei (Anmerkung: die Feuerwehr) **und der Gastrupp mit.**
Die Übung gilt selbstverständlich auch für die Luftschutzkräfte in Wallhausen.

Der Bürgermeister"

Gemeindeanzeiger: 2. September 1944

„ Wallhausen – Bekanntmachung und Warnung
Erneut wird darauf hingewiesen, daß das Betreten der Hafenanlage und Landungsstege für Kinder verboten ist.
Das Verbot erstreckt sich auch auf die Verladestege vom Sägewerk Wallhausen. Die Eltern werden dringend ersucht, ihre Kinder von den so gefährlichen Orten fernzuhalten. Möge der letzte Fall eine ernste Warnung sein. Dem mutigen Retter des Kindes vollen Dank und Anerkennung.

Ich bitte, vorstehende Warnung zu beachten und ich spreche dem mutigen Retter Hubert Bossart namens der Gemeindeverwaltung an dieser Stelle eine öffentliche Belobigung und herzlichen Dank aus.

Der Bürgermeister"

Es war dies der letzte spezielle „Wallhausen–Artikel", der aber nochmals die Hafenanlage als zentrale Einrichtung in Wallhausen schon zur damaligen Zeit in den Blickpunkt rückt.

1930 – 1945: Wirtschaftskrise, Nationalsozialismus, 2. Weltkrieg

Die Weltwirtschaftskrise führte in Deutschland zur großen Massenarbeitslosigkeit mit zuletzt über 6 Millionen Arbeitslosen im Jahre 1932, verbunden mit großer Armut, sozialem Abstieg und Hoffnungslosigkeit. Für die nationalsozialistische Propaganda war diese weit verbreitete soziale Not ein fruchtbarer Nährboden.
Auswirkungen der Weltwirtschaftskrise zeigt auch das Protokoll über die Ortsbereisung der Gemeinde durch das Bezirksamt Konstanz vom Jahre 1930 auf:

„Was die allgemeine wirtschaftliche Lage der Ortseinwohnerschaft betrifft, so ist diese wie bei allen Gemeinden auf dem Bodanrück, eine ziemlich gedrückte.
Bemerkenswert ist, dass Dettingen besonders viele Bauhandwerker aufzuweisen hat, die in Konstanz ihrer Arbeit nachgehen und hierbei macht sich nun das fast völlige Darniederliegen des Baugewerbes schwer bemerkbar.
Allgemein wird geklagt, dass kein Verdienst mehr vorhanden sei und dass infolgedessen auch die Verschuldung zunehme."

~

„Geschehen Dettingen, den 1.Mai 1930
In Gegenwart von Bürgermeister und Gemeinderat

Beratungsgegenstand
Beschaffung einer kleinen Motorspritze für die freiwillige Feuerwehr betr.

Beschluß

Von der Beschaffung einer kleinen Motorspritze im kleinen Ort (Anmerkung: gemeint ist wohl Wallhausen**) für die freiwillige Feuerwehr soll, da die Mittel der Gemeinde es zur Zeit nicht erlauben, Abstand genommen werden das heißt auf vorläufige Zeit. Bei später eintretenden finanzieller besserer Lage wird nichts im Wege stehen.**

Auf Vorlesen genehmigt und unterschrieben

Der Gemeinderat Okle Bürgermeister
Julius Demmler Josef Müller Johann Hornstein
Lambert Heckler Richard Späth
K. Heckler Ratschreiber"

~

„Geschehen Dettingen, den 29. Oktober 1930
In Gegenwart von Bürgermeister und Gemeinderat

Beratungsgegenstand
Brotpreise in Dettingen betr.

Beschluß
Dem Bäckermeister Hamm soll zugestellt werden, dass in allen öffentlichen Zeitungen vom Brotpreisabschlag gelesen und gesprochen wird und dass der Gemeinderat der Ansicht ist, dass auch in Dettingen mit dem Preisabschlag begonnen werde. Der Gemeinderat erwartet, dass sich der Bäckermeister dem Bürgermeister über seine Meinung bzw. Durchführung stellt.

Auf Vorlesen genehmigt und unterschrieben

Der Gemeinderat Bürgermeister Okle
Richard Späth Felix Kaibach

Lambert Heckler Julius Demmler
Josef Müller Johann Hornstein
K. Heckler Ratschreiber"

~

„Geschehen Dettingen, den 17. März 1931
In Gegenwart von Bürgermeister und Gemeinderat

Beratungsgegenstand
Rückstände bei der Gemeinde Dettingen

Beschluß
Der Gemeinderat hat von den Rückständen Kenntnis genommen. Vorerst soll von Ausstellung eines Zahlungsbefehls an dieselben Abstand genommen werden. Sie werden erneut gemahnt.

Auf Vorlesen genehmigt und unterschrieben
Der Gemeinderat Okle Bürgermeister
Julius Demmler Lambert Heckler Josef Demmler
Johann Roth Konrad Schroff Adolf Hamm
K. Heckler Ratschreiber"

~

„Geschehen Dettingen, den 27. März 1931
In Gegenwart von Bürgermeister und Gemeinderat

Beratungsgegenstand
Gehaltskürzung der Gemeindebeamten und Bediensteten der Gemeinde Dettingen

Beschluß

Der Gemeinderat hat von der Eingabe der Bürgerpartei, die am 24.3. beim Bürgermeisteramt Dettingen eingegangen ist, Kenntnis genommen und stellt sich dazu wie folgt:
Die Gehaltskürzung soll prozentual durchgenommen werden, im Benehmen mit den Gemeindebeamten und Bediensteten.
Die Versicherungsgelder sollen wie bisher von der Gemeinde getragen werden. Eine Beantwortung an die Bürgerpartei soll nicht stattfinden.
So beschlossen.

Der Gemeinderat Okle Bürgermeister
Julius Demmler Lambert Heckler Josef Demmler
Johann Roth Adolf Hamm
K. Heckler Ratschreiber"

~

„Geschehen Dettingen, den 6. September 1931
In Gegenwart von Bürgermeister und Gemeinderat

Beratungsgegenstand
Abhebung der Rücklage für die Wasserleitung

Beschluß
Es soll beim Bezirksamt nachgesucht werden, ob die 4300 RM Rücklage für die Wasserleitung erhoben werden können zur Deckung der Kirchenbauschuld und eventl. 1000 RM zur Bestreitung der größten Not vorbehalten werden.

Auf Vorlesen genehmigt und unterschrieben

Der Gemeinderat Okle Bürgermeister
Josef Demmler Lambert Heckler

Adolf Hamm Konrad Schroff Johann Roth Julius Demmler
K. Heckler Ratschreiber"

~

„Geschehen Dettingen, den 30. Oktober 1931
In Gegenwart von Bürgermeister und Gemeinderat

Beratungsgegenstand
Wasserleitung Wallhausen betr.

Beschluß
Der Gemeinderat hat von der Beschwerde des Pius Gieß Kenntnis genommen. Von einer sofortigen Abhilfe des angegebenen Wassermangels kann infolge der zurzeitigen wirtschaftlichen Krise nicht stattgegeben werden.

Winterhilfe betr.
Beschluß
Der Gemeinderat hat von dem Schreiben betr. Winterhilfe in Form von Sammeln von Lebensmitteln Kenntnis genommen und soll, wer freiwillig etwas geben will, sich in die Meldeliste, die durch den Gemeindediener herausgegeben wird, einzeichnen, was jedem nach seinen Verhältnissen möglich ist.

Auf Vorlesen genehmigt und unterschrieben
Der Gemeinderat Okle Bürgermeister
Adolf Hamm Lambert Heckler Konrad Schroff Johann Roth
Julius Demmler
K. Heckler Ratschreiber"

~

„Geschehen Dettingen, den 30. Dezember 1931
In Gegenwart von Bürgermeister und Gemeinderat

Beratungsgegenstand
Winterhilfsmaßnahme der Reichsregierung zur Verbilligung von Frischfleisch für die hilfsbedürftige Bevölkerung betr.

Beschluß
Im obigen Betreff wurde die Mitteilung des Bad. Bezirksamtes dem Gemeinderat, sowie der Bürgerschaft durch öffentliche Bekanntmachung stattgegeben. Meldungen sind beim Bürgermeisteramt keine eingegangen.

Auf Vorlesen genehmigt und unterschrieben
Der Gemeinderat Okle Bürgermeister
Adolf Hamm Lambert Heckler Konrad Schroff Johann Roth
Julius Demmler
K. Heckler Ratschreiber"

Anmerkung:
Dass keine Meldungen eingingen, lag sicher daran, dass auch zum Kauf von verbilligtem Fleisch Geld benötigt wird.

~

„Geschehen Dettingen, den 15. Januar 1932
In Gegenwart von Bürgermeister und Gemeinderat

Beratungsgegenstand
I. Gehaltskürzung der Gemeindebeamten und Bediensteten betr.

Beschluß

Die Kürzungen des Gehaltes der Gemeindebeamten und Bediensteten soll ab 1.Januar um 8% geschehen laut Vermerkung der Revisionsabteilung.

Beratungsgegenstand
II. Mitteilung des Jagdpächters Fabrikant Straehl in Konstanz betr.

Beschluß
Der Gemeinderat hat von der Mitteilung des Jagdpächters Straehl in Konstanz Kenntnis genommen und dem darin enthaltenen Ersuchen um einen weiteren Nachlaß um 100 RM, also statt 1100 RM nur noch 1000 RM betragen soll, wird entsprochen auf das Jahr 1932.

Auf Vorlesen genehmigt und unterschrieben
Der Gemeinderat Okle Bürgermeister
Konrad Schroff Lambert Heckler Josef Demmler Adolf Hamm
Johann Roth Julius Demmler
K. Heckler Ratschreiber"

Anmerkung:
In so schlechten Zeiten müssen auch die Fabrikanten sparen!

~

„Geschehen Dettingen, den 28. Januar 1932
In Gegenwart von Bürgermeister und Gemeinderat

Beratungsgegenstand
I. Erhebung einer Nachtragsumlage für das Rechnungsjahr 1931/32 betr.

Beschluß
Aus Mitteln des allgemeinen Voranschlags können die der Gemeinde durch die Notverordnung auferlegten Lehrerbeiträge mit rund 1650 RM nicht gedeckt werden und muß somit eine Nachtragsumlage in Höhe von 5 Pf. vom Grundvermögen und 2Pf. vom Betriebsvermögen von je 100 RM Steuerwert -Gewerbeertrag bleibt frei - erhoben werden.

Anmerkung: Bei den ca. 100 landwirtschaftlichen Betrieben mit Grund- und-Betriebsvermögen in der Gemeinde ergab das eine durchschnittliche Zusatzbelastung von 16 RM pro Betrieb.
Bei der damaligen dramatischen Notlage sicher keine Nebensächlichkeit.

II. Pachtnachlaß betr.
Beschluß
In dieser Sache sind verschiedene Pächter vorstellig geworden, zu versuchen, dass das Domäneamt einen weiteren Pachtnachlaß gewähren soll, mit Rücksicht auf die derzeitige schwere wirtschaftliche Lage. Zur eingehenden Besprechung dieser Frage soll eine Pächterversammlung auf Mittwoch den 3. Februar 1932, abends dreiviertel acht im Rathaus stattfinden.

Der Gemeinderat Okle Bürgermeister
Julius Demmler Josef Demmler Johann Roth Konrad Schroff
Adolf Hamm"

~

„Geschehen Dettingen, den 3. Februar 1932
In Gegenwart von Bürgermeister und Gemeinderat

Beratungsgegenstand
Milchproben betr.

**Der Gemeinderat erhält Kenntnis, dass in nächster Zeit von sämtlichen Milchlieferanten Milchproben entnommen werden sollen. Dies verursacht voraussichtlich für die Gemeinde große Kosten, die zur Zeit unmöglich getragen werden können.
Der Bürgermeister erhält Auftrag, beim Bezirksamt zu ersuchen, dass nur vereinzelte Stichproben gemacht werden.**

**Vorgelesen, genehmigt und unterschrieben
Der Gemeinderat Okle Bürgermeister
Adolf Hamm Konrad Schroff Johann Roth Josef Demmler
Julius Demmler"**

Anmerkung:
Die Versuchung war in diesen schweren Zeiten wohl groß, die an der Sammelstelle anzuliefernde Milchmenge durch Zugabe von Wasser zu vergrößern.

~

**„Geschehen Dettingen, den 19. Februar 1932
In Gegenwart: Bürgermeister und Gemeinderäte**

**I. Beratungsgegenstand
Brand betr. Der Familie J.G. Schroff Wirtschaft zur Traube in der Nacht vom 17. Februar 1932
Beschluß
In der Nacht des obengenannten Datums brach in dem Anwesen der Familie J.G. Schroff Feuer aus, das ganze Gebäude wurde vernichtet. Neben der hiesigen freiw. Feuerwehr leistete die Einwohnerschaft wirksame Hilfe. Wegen der großen Gefahr für die Nachbargebäude wurde der Löschzug der Feuerwehr Konstanz alarmiert, welcher in kurzer Zeit mit der Motorspritze eintraf und gemeinsam mit der hiesigen Feuerwehr dem**

verheerenden Feuer zu Leibe rückte, so daß das Feuer auf den Herd beschränkt werden konnte.

II.Beratungsgegenstand
Notwirtschaft des Brandbeschädigten im Bürgersaal betr

Beschluß
Der Brandbeschädigte J.G. Schroff ersucht den Gemeinderat betr. des bei ihm vorgekommen Brandes eine Notwirtschaft im Bürgersaal einrichten zu können.
Dem Ersuchen des Brandbeschädigten wurde zwecks seiner Fortführung des Wirtschaftsbetriebes notbehelflich stattgegeben, vorbehaltlich der Genehmigung des Bezirksamtes.
Der Brandbeschädigte verzichtet auf Rücksicht der allgemeinen Notlage auf die Sammlung von Heu, Stroh u.s.w.

III.Beratungsgegenstand
Vergütung für die Feuerwehr

Beschluß
Für Tag- und Nachtwachen anläßlich des vorgenannten Brandes erhält die freiw. Feuerwehr zur Verteilung an ihre Mitglieder den Betrag von 50 RM, sowie anlässlich der am 28.2.1932 stattfindenden Generalversammlung ein Faß Bier.
Der Bürgermeister erhält Auftrag, der hiesigen freiw. Feuerwehr, sowie der Feuerwehr Konstanz für ihr tatkräftiges Eingreifen, sowie geleistete Arbeit zu danken.

Vorgelesen, genehmigt und unterschrieben
Der Gemeinderat:
Konrad Schroff Adolf Hamm Johann Roth Josef Demmler
Lambert Heckler Julius Demmler"

Bild: Restauration Späth „Gasthaus Traube", um 1910
(Bild: Sammlung Helmut Gloger)

~

„Geschehen Dettingen, den 28. Februar 1932

Beratungsgegenstand
Bürgersaal als Notwirtschaft betr.

Beschluß
Der Gemeinderat nimmt Kenntnis von dem Schreiben des Bezirksamtes, daß der Bürgersaal als Notwirtschaft als öffentliches Lokal nicht benutzt werden darf.
Der Bürgermeister erhält Auftrag, mit dem Brandbeschädigten J.G. Schroff mündlich über die Sache Verbindung aufzunehmen.

Auf Vorlesen genehmigt und unterschrieben

Der Gemeinderat: Okle Bürgermeister
Julius Demmler Lambert Heckler Josef Demmler
Johann Roth Konrad Schroff Adolf Hamm"

Anmerkung:
Es gab öfters Brände in der Gemeinde; der Brand der Restauration Traube (eines der größten Gebäude im Ort) aber war noch Jahrzehnte danach im Gespräch.

Die Notwirtschaft im Bürgersaal war Anlass für ein langes Hin und Her zwischen der Gemeindeverwaltung, die sie befürwortete und den Behörden, die sie ablehnten.
Erst ein Schreiben der Gemeinde, durch Vermittlung eines Abgeordneten an das Ministerium des Inneren in Karlsruhe brachte die endgültige Genehmigung.

~

„Geschehen Dettingen, den 16. März 1932
In Gegenwart von Bürgermeister und Gemeinderat

Beratungsgegenstand
Notstandsarbeit betr.

Beschluss
Zwecks Beschäftigung von ausgesteuerten und sonstigen bedürftigen Ortseinwohnern soll eine Anzahl Notstandsarbeiten, wie Gräben öffnen im Mösle und Bussenried, sowie Anlegen des Deschen – Weges usw. durchgeführt werden.
Wenn möglich soll aber erst im neuen Wirtschaftsjahr 1932/33 im April begonnen werden.

Nach Vorlesen genehmigt und unterschrieben

Der Gemeinderat Okle Bürgermeister
Konrad Schroff Lambert Heckler Adolf Hamm Josef Demmler
Julius Demmler"

~

„Geschehen Dettingen, den 16. Oktober 1932
In Gegenwart Bürgermeister und Gemeinderat

Beratungsgegenstand
I. Lebensmittelsammlung für die Winterhilfe betr.

Beschluss
Der Gemeinderat nimmt Kenntnis von einer Lebensmittelsammlung der Wohlfahrtshilfe sowie der Arbeiter – Nothilfe der Stadt Konstanz in der Gemeinde Dettingen.

II. Kommission für Hilfsbedürftige, Arbeitslose und Krisenunterstützungsbedürftige betr.

Beschluß
Als die betr. Kommission soll der Gemeinderat wirken.

III. Kartoffelversorgung von bedürftigen Ortseinwohnern betr.

Beschluß
Der Gemeinderat beschließt, an in Not geratene Familien diesen Winter entsprechend Kartoffeln abzugeben.

Nach Vorlesen genehmigt und unterschrieben

Okle Bürgermeister
Josef Demmler Lambert Heckler Konrad Schroff

Adolf Hamm Johann Roth Julius Demmler
Julius Assfahl Ratschreiber"

~

„Geschehen Dettingen, den 13. November 1932
In Gegenwart von Bürgermeister und Gemeinderat

Beratungsgegenstand
Außerordentlicher Holzhieb betr.

Beschluss
Der Gemeinderat beschließt zwecks Genehmigung eines außerordentlichen Holzhiebes den Bürgerausschuß auf Mittwoch den 16. d.M. abends 8 Uhr in den Bürgersaal einzuladen.
Der Holzhieb soll zur Ausführung von Notstandsarbeiten und evtl. Schuldentilgung verwendet werden

Nach Vorlesen genehmigt und unterschrieben
Okle Bürgermeister
Julius Demmler Adolf Hamm Josef Demmler Konrad Schroff
Julius Assfahl Ratschreiber"

Anmerkung:
Von den 43 Mitgliedern des Bürgerausschusses waren 38 zur Sitzung erschienen. Sie stimmten dem Beschluss des Gemeinderates geschlossen zu.

~

„Geschehen Dettingen, den 16. Dezember 1932
In Gegenwart: Bürgermeister und Gemeinderat

Beratungsgegenstand
Pachtermäßigung für Gemeindepachtfeld betr.

Beschluss
Der Gemeinderat beschließt, denjenigen Pächtern, die bis 1. März 1933 den Pacht für 1932 bezahlt haben, eine Ermäßigung von 15% zu gewähren.

Nach Vorlesen genehmigt und unterschrieben

Okle Bürgermeister
Julius Demmler Lambert Heckler Josef Demmler Adolf Hamm
Johann Roth Konrad Schroff"

~

„Geschehen Dettingen, den 7. Januar 1933
In Gegenwart: Bürgermeister und Gemeinderat

Beratungsgegenstand
1. Landwirtschaftliche Versammlung betr.
Beschluss
Der Bürgermeister gibt bekannt, dass die Kreislandwirtschaftsschule Radolfzell am Dienstag, den 10. Januar im Gasthaus Zur Traube eine belehrende landw. Versammlung abhält.
Der Gemeinderat beschließt, sich vollzählig an der Versammlung zu beteiligen.

Nach Vorlesen genehmigt und unterschrieben

Okle Bürgermeister
Julius Demmler Lambert Heckler
Josef Demmler Adolf Hamm Konrad Schroff
Johann Roth"

Anmerkung:
Gemeint war hier die „Notwirtschaft“ im Bürgersaal. Das Gasthaus „Zur Traube“ war erst über ein Jahr später wieder aufgebaut.

~

„Geschehen Dettingen, den 11. Januar 1933
In Gegenwart: Bürgermeister und Gemeinderat

Beratungsgegestand
Gleichstellung der Holzhauerlöhne im außerordentlichen Holzhieb im Homberg

Beschluss
Der Bürgermeister stellt den Antrag, in Anbetracht des außerordentlichen schlechten Verdienstes der Holzhauer im Homberg, infolge Herabbieten des Anschlages fürs Holzhauen, den Übernehmern wenigstens fürs Nutzholz pro Festmeter den gleichen Betrag zu vergüten wie für einen Ster Holz.
Der Gemeinderat stimmt dem Antrag des Bürgermeisters zu und genehmigt die bescheidene Erhöhung der Holzhauerlöhne.

Nach Vorlesen genehmigt und unterschrieben
Okle Bürgermeister
Julius Demmler Adolf Hamm
Josef Demmler Lambert Hekler
Konrad Schroff Johann Roth

Julius Assfahl Ratschreiber“

Anmerkung:

Um überhaupt Arbeit zu haben, wurde die Ausführung des am 13. November 1932 beschlossenen außerordentlichen Holzhiebes von Interessenten zu einem Arbeitslohn unterhalb des üblichen Holzhauerlohnes ersteigert. Bürgermeister und Gemeinderat zeigten Herz und erhöhten freiwillig die Holzhauerlöhne der Arbeitsgruppe, die die Arbeit ersteigert hatte.

~

„Geschehen Dettingen, den 17. Februar 1933
In Gegenwart von Bürgermeister und Gemeinderat

Beratungsgegenstand
Entwässerung im Breiteried und Anlage eines Weges in den Krautländern

Beschluss
Zur Erläuterung und Erklärung des nun soweit ausgearbeiteten Projektes, sowie die Regelung der Kostenfrage und Arbeitslosenhilfe sind erschienen
Herr Regierungsbaurat Sütterlin vom Wasser- und Straßenbauamt Konstanz, sowie Herr Regierungsrat März vom Arbeitsamt Konstanz.
Nachdem die Herren die ganze Sachlage genügend bekannt gegeben, fasste der Gemeinderat folgenden einmütigen Beschluss: Die Entwässerung der Gewanne Breitenried und Grasweiher, sowie die Weganlage für die Kabisländer soll ausgeführt werden. Dies alles unter der Bedingung, dass die Arbeiten als öffentliche Notstandsarbeiten anerkannt werden und die erforderlichen Mittel zum Teil als verlorene Zuschüsse, zum Teil als Landes- und Reichsdarlehen zur Verfügung gestellt werden.

Nach Vorlesen genehmigt und unterschrieben

Okle Bürgermeister
Lambert Heckler Josef Demmler
Adolf Hamm Konrad Schroff
Jul. Assfahl Ratschreiber"

~

„Geschehen Dettingen, den 19. Februar 1933
In Gegenwart von Bürgermeister und Gemeinderat

Beratungsgegenstand
Stundenlohnfestsetzung für Taglohnarbeiten in der Gemeinde

Beschluss
Mit Rücksicht auf die große Notlage der Gemeinde und der großen Zahl von Arbeitslosen und Hilfsbedürftigen ist die Gemeinde bereit, immer wieder Notstandsarbeiten zu beschaffen und so kleine Verdienstmöglichkeiten zu bieten.
Demnach wird der Lohn pro Arbeitsstunde für vollwertige Arbeiter auf 40 Pf. festgelegt; bei weniger vollwertigen und jugendlichen Arbeitern verringert sich der Stundenlohn je nach Leistung.
Das Bezirksamt Konstanz ist von dieser Festsetzung zu benachrichtigen, die Gemeinde kann sich zur Folge ihrer derzeitigen Notlage nicht an den Richtsatz des Landeskommissarbezirk Konstanz halten.

Nach Vorlesen genehmigt und unterschrieben
Okle Bürgermeister
Julius Demmler Lambert Heckler Josef Demmler Adolf Hamm
Konrad Schroff Jul. Assfahl Ratschreiber"

~

„Geschehen Dettingen, den 17. März 1933
In Gegenwart von Bürgermeister und Gemeinderat

Beratungsgegenstand
Staatsumwälzung betr.

Beschluss
Der Gemeinderat nimmt Kenntnis von dem ruhigen Verlauf der Staatsumwälzung.

Nach Vorlesen genehmigt und unterschrieben
Julius Demmler Josef Demmler Adolf Hamm Johann Roth
Konrad Schroff Lambert Heckler"

Anmerkung:
Die Staatsumwälzung verläuft in der Gemeinde zwar ruhig, aber nicht ohne Auswirkungen: Die fehlende Unterschrift des Bürgermeisters trotz der Erwähnung seiner Anwesenheit im Protokoll deutet nicht auf Ruhe im Rat hin.

~

Die „Staatsumwälzung"

Die Machtergreifung durch die NSDAP begann bekanntlich am 30. Januar 1933 mit der Ernennung von Adolf Hitler zum Reichskanzler durch Reichspräsident Hindenburg.
Die daraus folgende „Staatsumwälzung", wie sie im Gemeinderatsprotokoll vom 17. März 1933 genannt wird, beeinflusste selbstverständlich alle Bereiche der Gesellschaft.
Die Auflösung und Verbote von Parteien und die politische Gleichschaltung in den Ländern und Kommunen hatte u.a. auch großen Einfluss auf die personelle Besetzung von Gemeindeverwaltungen und Gemeindeparlamente.

Im April 1933 wurden die Gemeinde – und Stadtparlamente entsprechend der Wahlergebnisse der Reichstagswahl vom 5. März 1933 unter Ausschluss der KPD neu gebildet.
Durch Verbote und Selbstauflösungen von Parteien, zuletzt am 5. Juli 1933 die Kath. Zentrumspartei, blieben auch in den kommunalen Parlamenten schließlich nur noch die Vertreter (Anmerkung: nicht zwangsläufig Mitglieder) der NSDAP übrig.

„Geschehen Dettingen, den 26. März 1933
In Gegenwart des Bürgermeister- Stellvertreter und des Gemeinderates

Beratungsgegenstand
Neuordnung der Gemeindedienste betr.

Beschluss
Der Gemeinderat nimmt Kenntnis von dem Urlaubsgesuch des Herrn Bürgermeisters Okle, wonach derselbe dem Wunsch des Antrags der NS- Bauernschaft Dettingen Rechnung trägt und ab 27.d.M. um seinen vorläufigen Urlaub bittet unter der Rechtswahrung.
Der Gemeinderat genehmigt einstimmig die Beurlaubung. Als Bürgermeister – Stellvertreter wird einstimmig Ratschreiber Julius Assfahl ernannt.
Betreff der Führung des Grundbuches ersucht der Gemeinderat Herrn Bürgermeister Okle, dasselbe bis auf Weiteres im Besitz zu behalten.

Nach Vorlesen genehmigt und unterschrieben
Julius Demmler Josef Demmler Adolf Hamm Johann Roth
Konrad Schroff Lambert Heckler“

~

„Geschehen Dettingen, den 1. April 1933
In Gegenwart: Bürgermeisterstellvertreter und Gemeinderat

Beratungsgegenstand
Der Gemeinderat nimmt Kenntnis von der Verhandlung des Bezirksgauleiters Speer betreff Beurlaubung des Herrn Bürgermeister Okle und faßt den Beschluss, die Beurlaubung nicht mehr rückgängig machen zu können.

Nach Vorlesen genehmigt und unterschrieben
Julius Demmler Lambert Heckler Josef Demmler
Johann Roth Konrad Schroff Adolf Hamm
Jul. Assfahl Ratschreiber"

Anmerkung:
So wurde auch Bürgermeister Sebastian Okle ein Opfer des neuen politischen Systems.
Im Ortsbereisungsprotokoll vom 11. September 1930 ist über Sebastian Okle noch zu lesen:
„Die Verwaltung der 750 Einwohner zählenden Gemeinde ist durchaus in Ordnung und verdient volle Anerkennung. Es ist dies in der Hauptsache ein Verdienst des seit 5 Jahren im Amt befindlichen Bürgermeisters Sebastian Okle, der zu den tüchtigsten Bürgermeistern im Bezirk gerechnet werden darf."

~

„Geschehen Dettingen, den 13. April 1933
In Gegenwart: Bürgermeisterstellvertreter und Gemeinderat

Beratungsgegenstand
Durchführung des Gleichschaltungsgesetzes

Der Gemeinderat nimmt Kenntnis von der Gleichschaltung der Gemeindeverwaltung nach dem Wahlergebnis der Reichstagswahl vom 5. März 1933 und bestimmt den erforderlichen Wahlausschuß.

Nach Vorlesen genehmigt und unterschrieben
Julius Demmler Lambert Heckler Josef Demmler Adolf Hamm
Johan Roth Konrad Schroff
Jul. Assfahl Ratschreiber"

~

„Geschehen Dettingen, den 26. April 1933
In Gegenwart des Gemeinderates
Beratungsgegenstand
Rücktrittsgesuch des Herrn Bürgermeister Okle betr.

Beschluss
Der Gemeinderat nimmt Kenntnis von dem Rücktrittsgesuch vom 24.4. 1933 des Bürgermeisters Okle mit sofortiger Wirkung.

Nach Vorlesen genehmigt und unterschrieben
Julius Demmler Lambert Heckler Josef Demmler Adolf Hamm
Johann Roth Konrad Schroff"

~

„Geschehen Dettingen, den 13. Mai 1933
In Gegenwart des Gemeinderates

Beratungsgegenstand
Verpflichtung der neugewählten Gemeinderäte nach dem Gleichschaltungsgesetz

Durch Herrn Landrat Frank wurden heute 15 ½ Uhr die nach dem Gleichschaltungsgesetz als gewählt geltenden Gemeinderäte in

hiesiger Gemeinde handgelöblich verpflichtet und zwar nach Wahlvorschlagsliste.

1. **Der nationalsozialistischen deutschen Arbeiterpartei Lambert Heckler und Konrad Schroff**
2. **Der Badischen Zentrumspartei Wilhelm Maurer und Adolf Hamm**

Julius Assfahl Ratschreiber"

Anmerkung:
Es könnte der Eindruck entstehen, dass in Dettingen zur Reichstagswahl am 5.3. 1933 nur zwei Listen antraten, die dann jeweils die Hälfte der Stimmen errungen hätten.

Vereinfacht dargestellt verhielt es sich so:
Da einige bei der Reichstagswahl kandidierende Parteien – in Baden waren es z.B, sechs – inzwischen verboten wurden oder sich freiwillig auflösten oder ausgeschlossen wurden, reduzierten sich auch die Vorschlagsliste der Parteien oder Listenverbindungen zur Bestimmung der Gemeinderäte. In Dettingen waren es dann zwei etwa gleichstarke Listen. Durch die „verfallenen" Stimmen der aufgelösten oder verbotenen Parteien reduzierte sich auch die Zahl der Ratssitze; in Dettingen von 6 auf 4.

„Geschehen Dettingen, den 20. August 1933
In Gegenwart des Bürgermeisterstellvertreters Assfahl und der Gemeinderäte Lambert Heckler und Konrad Schroff

Beratungsgegenstand
Bericht über die Bestätigung der Bürgermeisterwahl vom 25.6. 1933 durch den Minister des Innern.

Beschluss

Der Gemeinderat nimmt Kenntnis von der Bestätigung der Bürgermeisterwahl vom 25. d.J. und dass der Bürgermeister am Dienstag, den 22.d.M. durch den Landrat verpflichtet wird.

Nach Vorlesen genehmigt und unterschrieben
Assfahl Bürgermeister Lambert Heckler Konrad Schroff"

Anmerkung:
Am 5. Juli 1933 löste sich als letzte Partei das Zentrum auf. Darauf mussten ihre Mandatsträger aus allen Parlamenten ausscheiden. Im Dettinger Gemeinderat betraf dies Wilhelm Maurer und Adolf Hamm
Die frei gewordenen Plätze wurden von der NSDAP – auch von parteilosen Personen – besetzt. So gab es dann in allen Parlamenten im ganzen Reich nur noch eine Partei!

~

„Geschehen Dettingen, den 16.September 1933
In Gegenwart Bürgermeister und Gemeinderat

Beratungsgegenstand
Erntedankfest am 1. Oktober betreff.

Der Gemeinderat nimmt Kenntnis von der Anordnung der Reichsregierung, wonach am 1. Oktober auf dem Lande das Erntedankfest feierlich begangen werden soll.
Laut Verfügung der zuständigen Kreisleitung soll unser Bezirk das Fest in Verbindung mit der landwirtschaftlichen Ausstellung durch Teilnahme jeder Gemeinde und Stellung eines Festwagens in Radolfzell begehen.
Der Gemeinderat bewilligt der Musikkapelle bei evtl. Mitwirkung einen Betrag von 12 RM, auch wird die Erstellung eines Festwagens unterstützt.

Nach Vorlesen genehmigt und unterschrieben
Der Gemeinderat Assfahl Bürgermeister
Lambert Heckler Konrad Schroff Johann Meßmer
Friedrich Schroff"

~

„Geschehen Dettingen, den 29. September 1933
In Gegenwart: Bürgermeister und Gemeinderat

Beratungsgegenstand
I Aufruf des Reichsstatthalters Robert Wagner betreff.

Beschluss
Der Bürgermeister gibt bekannt, wonach laut Verfügung unseres Reichsstatthalters Robert Wagner am Samstag, den 30. September mittags 12 Uhr ein Aufruf an das Volk bekannt gegeben wird betreffs Winterhilfswerk.
Der Gemeinderat nimmt Kenntnis und erklärt sich bereit, an diesem Akt sich öffentlich zu beteiligen.

II Ratschreiberdienst betreff.

Beschluss
Der Bürgermeister beantragt, dass Richard Singler ab 1. Oktober die Stelle des Ratschreibers nun endgültig antreten soll, da seine Verpflichtung in allernächster Zeit doch kommen wird.
Der Gemeinderat stimmt dem Antrag bei.

Nach Vorlesen genehmigt und unterschrieben
Der Gemeinderat: Assfahl Bürgermeister
Lambert Heckler Konrad Schroff Johann Meßmer
Friedrich Schroff"

Anmerkung:
Richard Singler wurde schon am 2. September vom Bürgerausschuss, der jetzt nur noch 14 Mitglieder hatte, zum Ratschreiber gewählt.

~

„Geschehen Dettingen, den 28. Oktober 1933
In Gegenwart: Bürgermeister und Gemeinderäte

Beratungsgegenstand
Holzhauerei betr.

Beschluss
Der Gemeinderat nimmt Kenntnis von einer Verfügung des Forstamtes Konstanz, wonach das Holzhauen nicht mehr versteigert, sondern verlost werden soll. Grund dazu ist, daß der Holzmacherlohn nicht mehr so heruntergedrückt wird und die Holzhauer letzten Endes nichts mehr verdienen, wie es in den letzten Jahren der Fall war.

Nach Vorlesen genehmigt und unterschrieben
Julius Assfahl Bürgermeister
Lambert Heckler Konrad Schroff Johann Meßmer
Friedrich Schroff
Singler Ratschreiber"

~

„Geschehen Dettingen, den 8. November 1933
In Gegenwart: Bürgermeister und Gemeinderäte

Beratungsgegenstand
Aufstellung eines Lautsprechers am Freitag den 10. Nov. betr.

Beschluss

Der Gemeinderat nimmt Kenntnis, wonach die Wahlrede des Reichskanzlers Adolf Hitler am Freitag Mittag von 1-2 Uhr durch Lautsprecher der ganzen Bevölkerung übertragen werden soll. Der Gemeinderat beauftragt Julius Demmler jung. einen Lautsprecher auf dem Rathaus aufzustellen.

Nach Vorlesen genehmigt und unterschrieben
Assfahl Bürgermeister
Lambert Heckler Konrad Schroff Johann Meßmer
Friedrich Schroff
Singler Ratschreiber"

~

„Geschehen Dettingen, den 13. Januar 1934
In Gegenwart: Bürgermeister und Gemeinderäte

Beratungsgegenstand
Zwangsvollstreckungen betr.

Beschluss

Um den angedrohten Zwangsversteigerungen einen Einhalt zu bieten, wird der Bürgermeister sich mit der Bezirkssparkasse noch einmal in Verbindung setzen zwecks Weiterverschiebung.

Nach Vorlesen genehmigt und unterschrieben
Der Gemeinderat: Assfahl Bürgermeister
Lambert Heckler Konrad Schroff Johann Meßmer
Friedrich Schroff"

~

„Geschehen Dettingen, den 22. Mai 1934
In Gegenwart: Bürgermeister und Gemeinderäte

Beratungsgegenstand
Fahnenspitze für die Bauernschaftsfahne

Beschluss
Der Gemeinderat beschließt einstimmig, dass die Fahnenspitze für die hiesige Bauernschaft aus der Gemeindekasse bezahlt werden soll.

Nach Vorlesen genehmigt und unterschrieben
Der Gemeinderat Assfahl Bürgermeister
Lambert Heckler Konrad Schroff Friedrich Schroff
Johann Meßmer"

Anmerkung:
Man erkennt, wie wichtig Fahnen in dieser Zeit waren.

~

„Geschehen Dettingen, den 22. Dezember 1934
In Gegenwart: Bürgermeister und Gemeinderat

Beratungsgegenstand
Freiwilliger Beitrag der Bezirkssparkasse Reichenau für hiesige Bedürftige zum Ankauf von Schuhen

Beschluss
Der Gemeinderat nimmt Kenntnis vom Schreiben der Bezirkssparkasse Reichenau im Rahmen der Freigiebigkeit und nimmt den Betrag von 50 RM dankend an.

Nach Vorlesen genehmigt und unterschrieben

Der Gemeinderat Assfahl Bürgermeister
Konrad Schroff Lambert Heckler Johann Meßmer
Friedrich Schroff"

Anmerkung:
Der Gemeinderat verteilte den Betrag an acht Familien.

~

„Geschehen Dettingen, den 5. Januar 1935
In Gegenwart: Bürgermeister und Gemeinderat

Beratungsgegenstand
Übernahme des SA - Wehrbeitrages durch die Gemeinde

Beschluss
Laut Beschluss des Gemeinderates wird der Wehrbeitrag für die Mitglieder der SA Res.2 von der Gemeindekasse übernommen.

Nach Vorlesen genehmigt und unterschrieben
Der Gemeinderat: Jul. Assfahl Bürgermeister
Konrad Schroff Lambert Heckler Johann Meßmer
Friedrich Schroff
Singler Ratschreiber"

~

„Geschehen Dettingen, den 16. Februar 1935
In Gegenwart: Bürgermeister und Gemeinderat

Beratungsgegenstand
Beschaffung bzw. Bestellung einer Ehren – Chronik

Beschluss
Es erscheint ein Vertreter vom Verlag Adolf Hafner München auf dem Rathaus bei der Gemeinderatssitzung und trägt vor, ob nicht auch die Gemeinde Dettingen eine Ehren – Chronik bestellen wolle zu Ehren der im Weltkrieg 1914 bis 1918 Kämpfenden und Gefallenen, sowie allem Geschehen.
Der Gemeinderat beschließt, dass dieses Buch bestellt werden soll.

Nach Vorlesen genehmigt und unterschrieben
Assfahl Bürgermeister
Johann Meßmer Lambert Heckler Friedrich Schroff
Konrad Schroff"

Anmerkung:
Gleich nach Kriegsende wurde von den französischen Besatzungsbehörden eine strenge Ablieferungspflicht für Druckerzeugnisse mit NS- Symbolen und Inhalten erlassen.
Dieser Pflicht ist wohl auch diese Chronik zum Opfer gefallen.

~

„Geschehen Dettingen, den 30. März 1935
In Gegenwart Bürgermeister und Gemeinderäte

Beratungsgegenstand
Bericht des Bürgermeisters über den Luftschutzkurs in Karlsruhe

Beschluss
Der Gemeinderat nimmt Kenntnis von den Ausführungen des Bürgermeisters von dem Luftschutzkurs in Karlsruhe, auch nimmt der Gemeinderat Kenntnis von den Auflagen, die jeder Gemeinde auferlegt werden betr. Errichtung von Luftschutzräumen.

Für die hiesige Gemeinde kommt der Rathauskeller in Frage und soll auch dementsprechend ausgestattet werden.

Nach Vorlesen genehmigt und unterschrieben
Assfahl Bürgermeister
Lambert Heckler Konrad Schroff Friedrich Schroff
Johann Meßmer"

Anmerkung:
Wie auch hier ersichtlich: Das NS – Regime plante schon früh den Kriegsfall. Aber: Nur ein kleiner Luftschutzraum war wohl für das ganze Dorf viel zu wenig. Mit dem Ernstfall hat auch der Gemeinderat sicher nicht gerechnet.

~

„Geschehen Dettingen, den 19. April 1935
In Gegenwart von Bürgermeister und Gemeinderat

Beratungsgegenstand
Gesuch der Hitler – Jugend um Übernahme des Beitrags durch die Gemeinde.

Der Gemeinderat beschließt einstimmig, dass der monatliche Beitrag von 2 RM von der Gemeindekasse übernommen wird.

Nach Vorlesen genehmigt und unterschrieben
Assfahl Bürgermeister
Lambert Heckler Konrad Schroff Johann Schroff
Friedrich Schroff"

~

„Geschehen Dettingen, den 22. April 1935
In Gegenwart: Bürgermeister und Gemeinderäte

Beratungsgegenstand
Neue Gemeindeordnung betr.

Beschluss
Der Gemeinderat beschließt einstimmig, daß die neu herausgegebene Gemeindeordnung umgehend bestellt werden soll.

Nach Vorlesen genehmigt und unterschrieben
Assfahl Bürgermeister
Lambert Heckler Konrad Schroff Johann Meßmer
Friedrich Schroff"

Anmerkung:
Das nächste Gemeinderatsprotokoll findet sich erst wieder mit Datum vom 27. Oktober 1935 in einem Protokollbuch, das mit seinen „Formularseiten" der Struktur der neuen Gemeindeordnung für das vom 30. Januar 1935 entspricht.

~

Nachfolgend einige Grundzüge der neuen Gemeindeordnung:

- Die deutsche Gemeindeordnung ist ein Grundgesetz des nationalsozialistischen Staates.
- Die Verwaltung führt der Bürgermeister in voller und ausschließlicher Verantwortung.
- Ihm stehen zur Seite als Stellvertreter die Beigeordneten und als sachkundige Berater die Gemeinderäte.
- Zur Sicherung des Einklangs der Gemeindeverwaltung mit der Partei wirkt der Beauftragte der NSDAP bei der Berufung und Abberufung des Bürgermeisters, der Beigeordneten und der Gemeinderäte mit.

- Der Bürgermeister ist verpflichtet, bei allen wichtigen Angelegenheiten der Gemeinde die Gemeinderäte vor seiner Entscheidung zu hören.
- Die Beigeordneten nehmen an den Beratungen mit den Gemeinderäten teil; über den wesentlichen Inhalt der Beratungen ist eine Niederschrift zu fertigen. Sie wird vom Bürgermeister und zwei von ihm bestimmten Gemeinderäten unterzeichnet.

Anmerkung:
Bürgermeister Assfahl folgte in seinen Entschließungen in allen protokollierten Fällen jeweils dem Ergebnis der Beratungen zusammen mit dem Gemeinderat und den Beigeordneten.
Die Entschließungen des Bürgermeisters sind deswegen nachfolgend nicht aufgeführt.

~

„Verhandelt Dettingen, den 30. November 1935
Anwesend: Bürgermeister Assfahl
Beigeordnete: Johann Hornstein Konrad Schroff
Gemeinderäte: Lambert Heckler Friedrich Schroff
Johann Meßmer Urban Okle

Antrag der Musikkapelle Dettingen – Wallhausen zwecks Beschaffung von Musikinstrumenten im Werte von 500 Mark durch die Gemeinde.

Der Gemeinderat prüft diesen Antrag, wonach er zu dem Entschluß kommt, der Musikkapelle weitgehend unter die Arme zu greifen, indem ein Darlehen von 500 Mark zinsfrei auf 5 Jahre unter gewissen Bedingungen bewilligt wird.

Der Bürgermeister: Assfahl
Der Gemeinderat: Friedrich Schroff Johann Hornstein"

Anmerkung:
Da Bürgermeister, Beigeordneten und Gemeinderäte bis zum Tode eines Gemeinderates im Jahre 1944 stets in derselben Zusammensetzung berieten, sind diese in den nachfolgenden Protokollauszügen nicht mehr genannt.

~

„Verhandelt Dettingen, den 16. April 1936.

Der Bürgermeister gibt die Namen aller derjenigen Schuldner bekannt, die aus dem Rückstandsverzeichnis heraus gezogen wurden und deren Schuld für jeden einzelnen in ein Tilgungsdarlehen umgewandelt wurde.
Der Gemeinderat erklärt sich einstimmig mit diesem Vorschlag einverstanden und beauftragt den Bürgermeister, das weitere zu veranlassen, damit das Rückstandsverzeichnis nicht so gewaltig in Erscheinung tritt."

~

„Verhandelt Dettingen, den 15. Dezember 1937

Die Judenfrage in der Gemeinde Dettingen.
Der Bürgermeister gibt dem Gemeinderat bekannt, dass die Judenfrage innerhalb am Viehhandel endgültig geregelt sei; wonach es den Viehjuden verboten ist, weiter mit Vieh zu handeln. Der Bürgermeister berät nun mit dem Gemeinderat zwecks Beschaffung des Geldes bei eventuellem Viehkauf eines minderbemittelten Gemeindebürgers, der durch Unglücksfall oder sonst ein Stück Vieh absetzen muß und aber nicht entsprechend entschädigt wird, daß er sich nicht wieder ein nutzbringendes Stück Vieh kaufen kann. So kommt der Bürgermeister mit dem

Gemeinderat zu dem Entschluße, daß die hiesige Spar - und Darlehenskasse so ausgebaut werden müsse, daß sie den Betreffenden mit dem nötigen Geld unter die Arme greifen könne. Da nun aber die Spar - und Darlehenskasse Dettingen nicht über genügend Mittel verfügt, so soll im Falle der Not von der Gemeinde ein Zuschuß hierfür bewilligt werden, auch soll untersucht werden, von privater Seite die Kasse besser zu finanzieren."

Anmerkung:
Die dörflichen Kleinbauern waren im Falle einer überraschend notwendigen Anschaffung eines „nutzbringenden Stück Vieh" bei den bestehenden Sparkassen und Banken nicht kreditwürdig. Kreditwürdig waren sie aber seit altersher bei den jüdischen Viehhändlern, die sich ihr Risiko natürlich mit entsprechenden Kreditzinsen absicherten.

~

„Verhandelt Dettingen, den 22. Januar 1938

Beschließung über Erstellung eines Farrenstalles mit Wärterwohnung und Ersuchen um Genehmigung eines außerordentlichen Holzhiebes von 500 Festmetern zwecks Deckung eines Teils der Baukosten.

**Nachdem in der Gemeindeversammlung vom 16.1.1938 bezüglich der Kündigung beider Farrenwärter in Dettingen und Wallhausen allgemein der Wunsch ausgesprochen wurde, die Gemeinde möchte die Farrenhaltung übernehmen und einen eigenen Farrenstall mit Wärterwohnung erstellen, so unterbreitet der Bürgermeister diesen wichtigen Punkt zur Beratung.
Der Gemeinderat ist einstimmig der Ansicht, dass es in diesem Falle keinen anderen Ausweg mehr gebe, als so bald wie möglich einen eigenen Farrenstall zu erstellen."**

Anmerkung:
Am 10. Juli 1938 wurde Richtfest gefeiert; mit einem Freitrunk und einem bescheidenen Mahl, wie der Bürgermeister protokollarisch festhielt.
Das Gebäude, dessen Ökonomieteil im Jahre 1971 durch Feuer zerstört wurde, befand sich an der Stelle des derzeitigen Feuerwehrhauses. Durch die zwischenzeitlich möglich gewordene künstliche Besamung der Kühe, wurde auf den Wiederaufbau des Farrenstalles verzichtet.

~

„Verhandelt Dettingen, den 28. Dezember 1938

Voranschlag (Anmerkung: Haushaltsplan**) 1939 betr.**
Der Bürgermeister gibt dem Gemeinderat ein Schreiben des Bezirksamtes Konstanz bekannt, wonach die Haushaltspläne der Gemeinde Dettingen für 1939 nicht genehmigt werden können, ohne dass die 5- fache Bürgersteuer eingeführt werde. Der Bürgermeister selbst wurde noch einmal persönlich auf dem Bezirksamt vorstellig, wo ihm die Sachlage noch erläutert wurde mit dem Hinweis, dass also die Bürgersteuer einzuführen sei.
Der Gemeinderat stimmte nach durchgehender Beratung einstimmig zu und beschließt (Anmerkung: wahrscheinlich zähneknirschend**) die Einführung der fünffachen Bürgersteuer ab 1. Januar 1939."**

Anmerkungen:
Die Bürgersteuer wurde von der Reichsregierung im Jahre 1930 als sogenannte Wohlfahrtsabgabe im Rahmen der Notstandsarbeiten eingeführt und dann im 3. Reich mit steigenden Steuersätzen weitergeführt.

Im Jahre 1939 sind nur einige mehr oder weniger belanglose Sitzungen protokolliert. Mit keiner Zeile ist der Kriegsausbruch am 1. September 1939 mit seinen Auswirkungen auf das Dorfgeschehen und das Leben der Einwohner erwähnt.

Im Protokollbuch sind dann vom 19. August 1939 bis zum Kriegsende im Mai 1945 nur noch 3 Sitzungen verzeichnet, obwohl der Gemeinderat offiziell bis zum Kriegsende existierte.
Aber die wichtigen Entscheidungen fielen ohnehin auf der Parteiebene.

~

Ihrem „Seltenheitswert" entsprechend sollen die 3 Protokolle Erwähnung finden:

„Verhandelt Dettingen, den 19. August 1939

Verlängerung der Jagdpacht
Der Bürgermeister gibt dem Gemeinderat bekannt, wonach der Jagdaufseher Mathias Meister bei ihm vorgesprochen habe im Auftrag des Jagdpächters Herrn Straehl betr. Verlängerung des Jagdpachtvertrages auf weitere 6 Jahre.
Der Antrag wurde besprochen und der Gemeinderat ist einstimmig damit einverstanden, wenn der Vertrag mit dem derzeitigen Pächter noch einmal auf weitere 6 Jahre verlängert wird."

~

„Verhandelt Dettingen, den 1. Februar 1943
Um den geregelten und geordneten Absatz des in hiesiger Gemeinde anfallendes Obst und Gemüse Rechnung zu tragen, stellt der Bürgermeister dem Gemeinderat anheim, zwecks Erstellung einer geeigneten Obst- und Gemüsehalle in die Beratung einzutreten. Der Gemeinderat ist einstimmig der Ansicht, daß die umgehende Erstellung einer Obst- und Gemüsehalle dringend notwendig wäre und ersucht den

Bürgermeister, sofort die notwendigen Vorarbeiten in die Wege zu leiten.
Der Kostenaufwand mit rund 11000 RM soll wie folgt gedeckt werden:

a. **Durch die für diesen Zweck bereits vorhandenen Rücklagen mit = 5000 RM**
b. **Durch die evtl. Genehmigung eines außerordentlichen Holzhiebes in Höhe von 1oo Festmeter = 2000 RM**
c. **Infolge Einsparung von Wirtschaftsgeldern im Rechnungsjahr 1942/43 = 2000 RM**
d. **Durch Belastung des Voranschlages 1943/44 mit = 2000 RM."**

Anmerkung:
Die Halle, in leichter Bauweise errichtet und später erweitert, erlebte in sechs Jahrzehnten vielfältige Nutzungen, zuletzt sogar auch als Postfiliale in der Ringstraße, bis sie in 2005 einer Wohnhausbebauung Platz machen musste.

~

„Verhandelt Dettingen, den 30. Juli 1944

Der Bürgermeister gibt dem anwesenden Gemeinderat bekannt, dass in der Besetzung im Gemeinderat eine Änderung eingetreten ist infolge des Ausscheidens des Gemeinderates Lambert Heckler durch seinen Tod.

a. **Johann Hornstein, I. Beigeordneter ist zurückgetreten und fungiert nur noch als Gemeinderat**
b. **Als I. Beigeordneter wird vorgeschlagen Konrad Schroff, als II. Beigeordneter Emil Bogenschütz, Hauptlehrer.**

Die Beigeordneten wurden durch Handschlag des Bürgermeisters verpflichtet und sind in folgende Amtsgeschäfte eingeführt:

1. **Konrad Schroff erhält die Farrenhaltung übertragen.**
2. **Der II. Beigeordnete Hauptlehrer Bogenschütz erhält die Betreuung der Evakuierten übertragen.“**

~

Der Gemeindeanzeiger als Informationsquelle

Im Gegensatz zu den in während der Kriegszeit äußerst spärlichen Gemeinderatsprotokollen, sagt der „Gemeindeanzeiger“ der Gemeinde Dettingen relativ viel über die damaligen Zeitläufe aus.
Der Gemeindeanzeiger erschien wöchentlich im Papierformat A4, meist nur einseitig bedruckt.
Das erste, archivarisch bekannte Exemplar trägt das Datum 12. Oktober 1936; leider sind aber außer 19 vereinzelten Blättern aus verschiedenen Jahren nur die Ausgaben der Jahre 1941 bis 1944 vollständig vorhanden.

Aus der Vielzahl der jeweils kleinen und kleinsten Beiträge soll eine Auswahl daraus Einblicke in den Gemeindealltag in einer wirtschaftlich und politisch äußerst schwierigen Zeit vermitteln.

GA 30.10.1936 (= Gemeindeanzeiger vom 30. Oktober 1936)

„Aufruf zum Bucheckernsammeln
Die reiche Bucheckernernte dieses Jahr setzt voraus, dass kein Buchecker der deutschen Wirtschaft verloren geht. Wir fordern deswegen die ganze Einwohnerschaft auf, wer irgend möglich Zeit hat, an sonnigen Herbsttagen in den Wald zu gehen und diese Ölfrucht zu sammeln, besonders sollen die Kinder angehalten werden, bei schönem Wetter sich rege an der Sammlung zu beteiligen.
Der Sammler sichert sich dadurch nicht nur den eigenen Bedarf an gutem Öl, sondern er ist ein nationaler Kämpfer für die Behebung der Fettknappheit des deutschen Volkes und arbeitet mit an der Unabhängigmachung Deutschlands gegenüber dem Ausland.

Der Stützpunktleiter: Bogenschütz
Der Bürgermeister: Assfahl“

~

GA 12.11.1936

„Bekanntmachung
Nächsten Sonntag, den 14. November spricht im Gasthaus Kreuz der bekannte Schulungsredner Pg. Allgeier über
„Weltbolschewismus"
Die große Gefahr, die der ganzen Welt und insbesondere Deutschland droht.
Die ganze Einwohnerschaft steht in diesem gewaltigen Ringen hinter unserem Führer und erscheint am Samstag zur Treuekundgebung im Kreuz.
Für alle Formationen und Gliederungen ist es Pflicht.
NSDAP – Mitglieder, HJ und BdM in Uniform.
Bogenschütz, Stützpunktleiter"

~

GA 14.1.1937

„Bekanntmachung: Verdunklungsübung
Wie bereits bekannt, findet am 22.d.Mt. eine Verdunklungsübung für den gesamten Amtsbezirk Konstanz statt. Das Bezirksamt hat für jede Gemeinde eine Vorübung anberaumt.
Jeder Haushaltsvorstand ist verpflichtet, dafür Sorge zu tragen, dass während der Verdunklungsübung von seiner Behausung aus kein Lichtstrahl nach außen fällt.
Sofern insbesondere während der Fütterungszeit auch Ställe und Scheuer beleuchtet werden, so sind selbstverständlich auch diese abzudunkeln.
Der Bürgermeister"

~

GA 15.3.1941

„Urlaub zur Frühjahrsbestellung für Soldaten
Auf Grund des Erlasses des O.K.W. (= Oberkommando der Wehrmacht) ist es uns möglich, dass zur Wehrmacht einberufene Landwirte und Landwirtssöhne zur Frühjahrsbestellung Urlaub erhalten können.
Dergleichen Anträge müssen beim Ortsbauernführer gestellt werden, der alsdann das Gesuch an den Truppenteil weiterleitet.
Assfahl Ortsbauernführer"

~

GA 29.3.1941

„Lebensmittelkarteausgabe
Die Lebensmittelkarten für die 22. Zuteilungsperiode werden wie folgt auf dem Rathaus ausgegeben:
Heute Samstag abend von 8 bis 1o Uhr und morgen Sonntag von 7 bis 9 und 11 bis 12 Uhr, sowie nachmittags von 3 Uhr an bis abends 9 Uhr.
Nachzügler können ihre Karten auch noch am Montag abend von 8 bis 9 Uhr gegen eine Gebühr von 1 RM erhalten.
Der Bürgermeister"

Anmerkung:
Man beachte die Öffnungszeiten der Gemeindeverwaltung!

~

GA 18.4.1941

„Tierluftschutzkasten

Auf höhere Anordnung war die Gemeinde verpflichtet, für hiesige Gemeinde 3 Tierluftschutzkästen mit den erforderlichen Heil- und Schutzmittel für Tiere bei evtl. Fliegerangriffen anzuschaffen.
Ein Kasten befindet sich im Rathaus hier, einer im Farrenstall und ein dritter Kasten ist beim Landwirt Kramer in Wallhausen.

Der Bürgermeister"

Anmerkung:
„Auf höhere Anordnung…"; das war zu dieser Zeit der Rahmen für die Arbeit des Gemeinderates und der Gemeindeverwaltung.

~

GA 10.5.1941

„NS- Frauenschaft Dettingen
Morgen Sonntag, abends um halb 9 ist eine allgemeine Frauenversammlung im Gasthaus zum Kreuz. Es spricht ein Gauredner, Thema: Die deutsche Frau hilft siegen.
Ich erwarte, daß durch restloses Erscheinen unsere Verbundenheit mit Führer und Volk bezeugt wird. Mütter, Frauen und Mädchen von Dettingen – Wallhausen: Das Opfer dieser Abendstunde sind wir unseren Söhnen, unseren Kriegern, die für uns und unsere Kinder kämpfen, schuldig.

Frau Bogenschütz Ortsfrauenschaftsleiterin"

~

GA 28.6.1941

„Kartoffelkäfersuchdienst
Heute Samstag, den 28.Juni findet der zweite Kartoffelkäfersuchdienst statt. Zusammenkunft nachmittags 1 Uhr beim Rathaus, sowie in Wallhausen beim Hause des Richard Späth.

Zu diesem Suchdienst hat jede Haushaltung eine erwachsene Person zu stellen, nur in ganz dringenden Fällen kann zum Suchdienst ein Schulkind geschickt werden.
Ein Vertreter des Kartoffelkäferabwehrdienstes wird den Suchdienst kontrollieren und fehlende Personen zur Bestrafung melden.

Der Bürgermeister"

Anmerkung:
Auch all die vielen Suchdienste in den nachfolgenden Jahren konnten die Verbreitung des Kartoffelkäfers nicht verhindern.

~

GA 18.10.1941

„Dreschmaschine betr.

Mein nochmaliges kürzlich eingereichtes Gesuch an den Herrn Kompaniechef um Beurlaubung des Dreschmaschinenführers Richard Waldraff ist nunmehr wiederum abgeschlagen worden.
Ich habe dem Dreschmaschinenbesitzer nun zur Pflicht gemacht, in der kommenden Woche unter Zuzug einer geeigneten Person in der Gemeinde mit den Drescharbeiten zu beginnen.

Der Bürgermeister"

Anmerkung:
Es gab nur eine einzige mobile Dreschmaschine im Dorf und es gab kaum kundige Personen, die sie fachgerecht bedienen konnten.

~

GA 15.11.1941

„Verdunklungsaktion
Infolge der festgestellten schlechten Verdunklung werden umgehend strenge Maßnahmen in die Wege geleitet. Ab sofort finden wieder strenge Kontrollen statt und haben außer empfindlicher strenger Bestrafung zu gewärtigen, daß an den betr. Häusern ein gut sichtbares Plakat angebracht wird, wo unter anderem vermerkt ist, daß in diesem Hause die Einwohner durch schlechte Verdunklung die Allgemeinheit gefährden. Dieses Plakat wird erst wieder entfernt, wenn die Verdunklung einwandfrei durchgeführt ist.
Eigenmächtiges Entfernen dieser Plakate wird mit Gefängnis bestraft.

Der Bürgermeister"

Anmerkung:
Die schlechte Verdunklung in der Gemeinde war bis zum Kriegsende immer wieder Thema im Gemeindeanzeiger.
Beispielhaft und abrundend dazu später nochmals (GA 13.03.1943) ein „Warnruf" des Ortsgruppenleiters im Gemeindeanzeiger.

~

GA 17.1.1942

„Nachruf
Leider hat diese Woche wiederum eine Trauerbotschaft aus dem Osten unsere Gemeinde betroffen.
Unser Mitbürger Otto Riedle hat sein junges Leben am 9. Dezember 1941 für Führer, Volk und Vaterland dahingegeben. Unser innigstes Mitgefühl wendet sich den schwer betroffenen Angehörigen zu, insbesondere der jungen Gattin und der Mutter, möge der Herrgott dieselben in ihrem schweren Leid trösten.

Die Gemeinde wird auch diesem Helden ein unvergeßliches Mahnmal setzen.
Das Seelenopfer findet am kommenden Dienstag in der Pfarrkirche statt.

Der Bürgermeister"

Anmerkung:
Für jeden gefallenen Soldaten aus der Gemeinde schrieb der Bürgermeister einen Nachruf im Gemeindeanzeiger; eine schwere Aufgabe.
Es war dies der 4. Nachruf; 30 sollten noch folgen. Für 14 dauerhaft Vermisste gab es keinen Nachruf; es bestand ja immer noch Hoffnung, die sich leider in keinem Fall erfüllte.

~

GA 3.4.1942

„Gemeinde – Heimatabend betr.
Am Ostersonntag Abend punkt 8 Uhr beginnend, findet wie bereits bekannt gegeben, der Gemeindeabend im Gasthaus zur Traube statt, hierzu laden wir die gesamten Ortseinwohner von Dettingen – Wallhausen herzlich ein.

Es soll ein Abend der tiefsten Verbundenheit mit unseren Soldaten sein. Front und Heimat reichen sich die Hand, das ist der Sinn und Inhalt der Veranstaltung. Eine geeignete Ehrung unserer gefallenen Helden und deren Angehörigen wird dem Abend ein würdiges Gepräge verleihen.

Also nochmals Jung und Alt seid alle herzlich willkommen, an die Angehörigen unserer Gefallenen ergeht von hier aus noch eine besondere Einladung.

Der Bürgermeister"

~

GA 10.11.1942

„NSDAP Dettingen
Der Ortsgruppenleiter bittet, die Sprechstunden doch zeitlich einhalten zu wollen. Freitag 19 bis 21 Uhr und Sonntag halb elf bis 12 Uhr. Dringende Fälle selbstverständlich zu jeder Zeit.
Ein Vorsprechen während der Unterrichtszeit in der Schule wird abgestellt. Dort ist der Ortsgruppenleiter Lehrer und hat also kein Auskunftsbüro mehr.
Bogenschütz Ortsgruppenleiter"

~

GA 13.3.1943

„Die Ortsgruppenleitung der NSDAP:
In den letzten unruhigen Nächten, Einflug feindlicher Flieger, konnte man die Beobachtung machen, daß da und dort hellbeleuchtete Fenster sich zeigten.
Das fehlte gerade noch, daß wir Richtungslichter, sogenannte Positionslaternen aufleuchten lassen. Der Teufel soll solche gottvergessenen Volksgenossen holen. Wenn einer seine Nase zum Fenster rausstrecken muß, dann aber gefälligst im Dunkeln!
Von jetzt ab wird rücksichtslos durchgegriffen!
Und noch eins: Wer abends von Hegne her kommt, glaubt eine Bahnhofsanlage vor sich zu haben. Hier ist Nachbarschaftshilfe am Platz: Fenster einwerfen!
Der Ortsgruppenleiter"

~

GA 18.5.1943

„Betr. Feldgeräte
Diese gibt es sehr beschränkt, insbesondere eiserne, und vor allem Sensen. Wer eine Mähmaschine hat, kann nicht berücksichtigt werden; denn wie soll ich 25 Sensen, die noch nicht einmal da sind, an 100 Besteller gerecht verteilen?
Holzgeschirr dagegen, Wetzsteine und Kleineisenwaren treffen Mitte Mai in größeren Mengen ein.
Nach langen Schwierigkeiten sind zwei neue Dorf- Ansichtskarten erschienen. Als Heimatgruß werden sie sicher jedem unserer Soldaten Freude bereiten. Auch die Wallhauser Luftaufnahme ist wieder freigegeben.

Urban Okle"

~

GA 11.8.1943

„Baden am Bodensee
Die Bevölkerung von Dettingen- Wallhausen, insbesondere die Frauen und Kinder aus den luftkriegsgefährdeten Gebieten geben wir zur Kenntnis, daß das Baden am See den Wald entlang von Wallhausen bis Bodman wegen der vielen gefährlichen Felsklüfte vom Wasser- und Straßenbauamt verboten ist.
Die Badenden wollen das Naturstrandbad in den Hornwiesen – Klausenhorn benützen.

Der Bürgermeister"

~

GA 4.9.1943

„Arbeiter gesucht
Zur Anlegung eines Brandweihers werden von der Gemeinde 5 bis 10 tüchtige Erdarbeiter gegen guten Lohn auf kommende Woche gesucht. Meldung Sonntag Abend 9 Uhr auf dem Rathaus.
Falls sich keine freiwilligen Arbeiter melden sollten, sind wir gezwungen, diese Arbeiten im Wege der Arbeitsdienstverpflichtung durchzuführen.

Der Bürgermeister"

~

GA 11.9.1943

„Erfassung der Wehrpflichtigen der Geburtsjahrgänge 1884 bis 1893
Die Meldung der männlichen Geburtsjahrgänge 1884 – 1893 hat in der Zeit vom 15. bis spätestens 25. September 1943 jeweils zu den üblichen Dienststunden abends von 9 bis 10 Uhr auf dem Rathaus zu erfolgen.

Der Bürgermeister"

Anmerkung:
Wie sich leicht errechnen lässt, sind jetzt auch die 50 – 59- jährigen Männer wehrpflichtig: Dies war die Planung des Volkssturms.

~

GA 9.10.1943

„Hundemusterung
Am Dienstag, den 12. Oktober 1943 vormittags 10 Uhr findet in Wollmatingen die Hundemusterung statt. Hierzu sind sämtliche

Hunde aus der Gemeinde vorzuführen. Von der Vorführung befreit sind nur Hunde unter 6 Monaten, sowie Blindenhunde und Herdenhunde, soweit diese zum Hüten von Schafen verwendet werden.
Es wird dringend ersucht, am Musterungsort pünktlich zu erscheinen.

Der Bürgermeister"

~

GA 27. 11.1943

„Erfassung des Geburtsjahrganges 1927
Die Wehrpflichtigen des Geburtsjahrganges 1927 haben sich am kommenden Dienstag, den 30. November 1943 abends von 8 bis 9 Uhr zur Wehrstammrolle anzumelden.
Bezüglich der näheren Bestimmungen verweisen wir auf die amtliche Bekanntmachung in der Tageszeitung.

Der Bürgermeister"

Anmerkung:
Nach den Großvätern jetzt die Enkel!

~

G.A. 11.12.1943

„Verstärkung der Feuerwehr
Ab sofort müssen sämtliche Feuerwehren um 50% verstärkt werden. Da hierfür die vorhandenen männlichen Kräfte nicht mehr ausreichen, sind wir gezwungen, weibliche Hilfskräfte einzustellen.

Dieselben erhalten eine geeignete Uniform und der Staat zahlt 50% Zuschuß zur Beschaffung. Ich bitte also tatkräftige und beherzte Frauen und Mädchen unserer Gemeinde, sich bei mir als Hilfskraft zur Feuerwehr zu melden.

Der Bürgermeister"

~

GA 18.12.1943

„Verstärkung der Feuerwehr betr.
Da sich auf meinen letzten Aufruf nur 7 Frauen und Mädchen als Hilfskräfte zur freiwilligen Feuerwehr gemeldet haben, im ganzen aber mindestens 20 Hilfskräfte benötigt werden, so erwarten wir bis Sonntag, den 19. d. Mts. weitere Meldungen.
Sofern nicht genügend freiwillige Kräfte sich melden, müssen die erforderlichen Hilfskräfte durch Dienstverpflichtung beigebracht werden, jedoch erhalten diese dann keine Uniform mehr.

Der Bürgermeister"

~

GA 15.1.1944

„Gemüseanbau 1944 betr.
Von der Kreisbauernschaft haben wir die Auflage erhalten, in diesem Jahr unseren Gemüseanbau um 15 ha zu erweitern, es ist dies kurz gesagt das doppelte von dem, was bis jetzt angepflanzt wurde.
Anbetracht des Arbeitermangels wird es uns Dettinger nicht möglich sein, dieses Anbausoll restlos zu erfüllen, aber wir werden

uns bemühen so gut wir können, den letztjährigen Anbau zu erhöhen.

Der Ortsbauernführer"

~

GA 4.3.1944

„Bau von Luftschutzbunkern und Deckungsgräben
Es soll nun in allen fliegergefährdeten Ortschaften nach Möglichkeit an den Bau von Bunkern und Deckungsgräben herangegangen werden. Die Arbeiten sollen durch Gemeinschaftsarbeit der Ortseinwohner durchgeführt werden, lediglich werden die Kosten für Baumaterialien durch den Staat ersetzt.
Ferner möchten wir noch darauf hinweisen, daß die ausgebauten Luftschutzkeller als öffentliche Luftschutzräume gelten. Diese Keller sind bei Fliegergefahr jedermann zugänglich zu machen.

Der Bürgermeister"

Anmerkung:
Viel Vertrauen hatte man in der Bevölkerung in solche öffentliche Schutzbauten nicht. Man fing zögerlich an, an der Straße nach Dingelsdorf, in Ortsnähe einen Schutzstollen in den Schmidtenbühl zu bauen.
Das Kriegsende beendete die Arbeiten

~

GA 6.5.1944

„Bunkerbau betr.

Wo ein guter Keller vorhanden ist, ist derselbe immerhin einem schlechten Bunker oder Deckungsgraben vorzuziehen und wolle deshalb vor Anlegung eines Bunkers geprüft werden, ob nicht vorhandene Kellerräume mit wenig Material und Arbeit, wenn nicht gerade bombensicher, so doch splittersicher ausgebaut werden könnten.

Der Bürgermeister"

~

GA 24.6.1944

„Auszahlung der Löhne für Brandweiher
Alle diejenigen Ortseinwohner, die durch die Gemeinde verpflichtet worden sind, am Brandweiher zu arbeiten, können ihr Geld beim Gemeinderechner abholen.

Der Bürgermeister"

~

GA 23.9.1944

„Betr. Bombengeschädigte
In den letzten Tagen wurden uns wieder 6 Frauen und 12 Kinder zugewiesen. Die Unterbringung war mehr als schwer. Nun fehlt es noch an einigen Betten und Bettstättle. Wer kann aushelfen? Eile tut not! Meldung bei der Frauenschaftsleiterin. Bedenkt, es ist eine Mutter mit 5 Kindern dabei.

Der Ortsgruppenleiter"

~

GA 4.11.1944

„Nachruf
Nach einer längeren Pause sollte unsere Gemeinde leider von weiteren Gefallenenmeldungen nicht verschont sein.
Oberfeldwebel Berthold Fuchs ist nach 7 jähriger treuer Dienstzeit den Heldentod als Soldat für unsere liebe Heimat gestorben. Er ist seinem Bruder Heinrich und seinem Vater in treuer Pflichterfüllung auf dem Felde der Ehre gefolgt.
Die ganze Gemeinde nimmt innigen Anteil an dem harten Geschick, das insbesondere die schwergeprüfte Kriegermutter Luise Fuchs zu tragen hat. Möge der Allmächtige hier seinen Trost nicht versagen und wir wollen unserem lieben Bürgersohn Berthold Fuchs ein ehrendes Gedenken im Herzen tragen.
Der Bürgermeister"

Nochmals einer der vielen Nachrufe im Gemeindeanzeiger, der die Tragik dieser Zeit wieder sehr deutlich macht.
Der Vater Konstantin Fuchs ist 1916 im 1. Weltkrieg gefallen.

~

GA 11.11.1944

„NSDAP Dettingen
In der nächsten Zeit haben wir mit laufenden Einberufungen zu den Schanzarbeiten zu rechnen (Anmerkung: Zum Bau von Panzergräben im damals noch deutschen Elsass). **Auch der aufgestellte Volkssturm muß sich bereit halten. Alterklassen von 1879 bis 1928. Darum sorge jeder vor und zwar: Guter Arbeitsanzug, warme Unterkleider, 2 wollene Decken und ganz besonders gutes Schuhwerk. Die kalte, nasse Jahreszeit, der Winter ist da.**
Auch für Verpflegung für 4 Tage vorsorgen.
Der Ortsgruppenleiter"

Anmerkung:
Von den 65- jährigen bis zu den 16- jährigen! Das letzte Aufgebot.

~

GA 11.11.1944

„Holzhauerei betr.
Auf Anordnung des Forstamtes Konstanz sind sämtliche in der Gemeinde anwesende männliche Personen im Alter von 15 bis 65 Jahren verpflichtet, ab sofort sich bei den zuständigen Förstern für die Holzhauerei zu melden. Weniger geübte Arbeiter werden zum hauen von Reisschlägen in Durchforstungen Verwendung finden. Da durch die erhöhte Anforderung von Nutz- und Generatorenholz (Anmerkung: Generatorenholz für LKW- Holzgasmotoren!**) nur sehr wenig Brennholz für die Einwohnerschaft anfallen wird, so muß auf eine erhöhte Zuteilung von Reisschlägen getrachtet werden.**
Jede Haushaltung sollte womöglich ihren Bedarf selbst hauen oder mindestens bemüht sei, dafür Sorge zu tragen, daß Verwandte oder Bekannte ihnen die Reisschläge hauen. Nur derjenige, der auf diese Weise seinen Holzbedarf sichert, wird im Winter oder Frühjahr auf eine Holzzuteilung rechnen können. Auch hier sind diejenigen männlichen Personen, die sich verpflichten, regelmäßig diesen Winter als Holzhauer tätig zu sein, von der Dienstverpflichtung zu Schanzarbeiten befreit.
Der Bürgermeister"

~

GA 23.12.1944

„Sammeln von Gemüse und Obst
Für die neu eingetroffenen evakuierten Frauen und Kinder, die in Gemeinschaftsverpflegung sich im Rathaus (Bürgersaal) befinden, benötigen wir dringend Obst und Gemüse. Die Hitlerjugend und BDM werden deshalb in den nächsten Tagen eine Haussammlung vornehmen und wolle jedermann, dem es möglich ist, etwas Gemüse oder Obst spenden, damit auch diesen hart betroffenen Frauen und Kindern eine kleine Weihnachtsfreude gemacht werden kann.
Bei dieser Gelegenheit möchte ich auch all denjenigen, die neuerdings wieder Frauen und Kinder in ihren Haushalt aufgenommen haben, den herzlichen Dank erstatten. Mögen die anderen, denen es nicht möglich war jemanden aufzunehmen, nun bei der Obst und Gemüsesammlung auch sich erkenntlich zeigen.
Der Bürgermeister"

~

GA 30.12.1944

„NSDAP Dettingen
Allen Partei- und Volksgenossen die besten Wünsche ins neue Jahr. Ganz besonders herzliche Wünsche allen Evakuierten in Dettingen- Wallhausen und wir hoffen zuversichtlich, daß das Jahr 1945 diesen schwergeprüften Volksgenossen die Rückkehr in ihre alte, liebe Heimat bringen möge. Ganz besonders möchte ich bei dieser Gelegenheit all denen danken, die heimat- und obdachlose Volksgenossen bei sich aufgenommen haben. In solchen Notzeiten zeigt der Mensch seine Seele und seinen eigentlichen inneren Wert.

Halten wir wie bisher durch und zusammen, die Opfer die wir brachten und noch bringen müssen, werden uns eine bleibende Genugtuung sein! Es kommt der Tag, wo wir offenen Auges unseren siegreichen heimkehrenden Kriegern die Hand zum Willkomm reichen dürfen, denn wir haben unsere Pflicht erfüllt, wir haben ihre Frauen und Kinder in Obhut genommen. Im Vertrauen auf den Allmächtigen, auf unsern Führer und unsere tapferen Soldaten treten wir über die Schwelle des Jahres 1945, das uns die Entscheidung und den Endsieg bringen möge.

Der Ortsgruppenleiter"

Anmerkung:
Unfassbar! Die militärische Niederlage war doch schon zum Greifen nahe. War unser als Lehrer sehr geschätzter Ortsgruppenleiter so verblendet oder musste er sich als hoher Parteifunktionär so sehr „verbiegen"?

~

Rückblick von Bürgermeister Julius Assfahl:

Entnommen dem Protokoll der Ortsbereisung der Gemeinde Dettingen durch das Landratsamt Konstanz im Jahre 1960, bei der Bürgermeister Julius Assfahl –Bürgermeister der Gemeinde Dettingen von 1933 bis 1945 und von 1948 bis 1962 – über die Zeit von 1939 bis 1945 aus seiner Sicht Rückblick hielt.

Auszüge:
„...Doch dann begann im Jahre 1939 der unselige 2.Weltkrieg. Alle wehrfähigen Väter und Söhne wurden zum Kriegsdienst eingezogen. Die Lebensmittel und alle lebenswichtigen Gebrauchsgegenstände wurden mit sofortiger Wirkung rationiert und waren nur noch gegen Bezugscheine zu erhalten. Auf dem Lande machte sich ein großer Arbeitermangel bemerkbar.

... Bereits Ende September 1939 traf in der Gemeinde die erste Trauernachricht ein, der Feldwebel Julius Bossart ist im Feldzug gegen Polen gefallen. Schon der erste Gefallene in unserer Gemeinde. Zwar hatte es Anfangs den Anschein, als sollte es auch der letzte sein, denn nahezu zwei Jahre wurden wir dann von weiteren Todesmeldungen verschont.
Bis die Offensive gegen Russland im Juni 1941 begann; von da an verging kein Monat, daß nicht 1 oder 2 Todesmeldungen über Gefallene in der Gemeinde einliefen. Viele Familien wurden in schwere Trauer versetzt und eine große Mutlosigkeit machte sich mehr und mehr bemerkbar, man glaubte nicht mehr an den Sieg.
Als dann der totale Krieg erklärt wurde und unsere blühenden Städte in Schutt und Asche gelegt wurden und für zahlreiche evakuierte Familien auch in unserer Gemeinde Unterkunft geschaffen werden musste, war das Maß der Ungeduld voll.
... Nicht alle nahmen diese Gäste des Führers mit offenen Armen auf, sondern viele widersetzten sich und erklärten, man solle endlich diesen unseligen Krieg beenden. Lieber ein Ende mit Schrecken, als ein Schrecken ohne Ende.
Und dieses Ende mit Schrecken kam für unsere Gemeinde am 26. April 1945, als die französischen Truppen in unser Dorf einmarschierten.
Nach dem zuvor noch auf der Höhe von Rohnhausen ein erbitterter Kampf stattfand, wo noch zwei junge Soldaten ihr Leben lassen mussten und zwei Ortseinwohner schwer verwundet wurden; außerdem das landwirtschaftliche Gebäude des Landwirts Georg Schroff in Brand geschossen wurde und bis auf die Grundmauern niederbrannte.
Als der Widerstand der deutschen Truppen gebrochen war und diese sich in die östlich gelegenen Wälder zurückgezogen und sich auflösten, drangen die feindlichen Truppen in unser Dorf ein. Es wurden alle Häuser untersucht, ob sich nicht irgendwo noch deutsche Truppen verborgen hätten.

Die feindlichen Truppen zogen dann weiter nach der Nachbargemeinde Dingelsdorf. Nur noch einzelne Patrouillen zogen durch das Dorf.
Anderntags haben wir dann noch die zwei gefallenen Soldaten auf dem hiesigen Friedhof beigesetzt.
Da die folgenden Tage alles ruhig verlief, glaubten wir schon, es wäre alles vorüber. Doch es kam anders; etwa 8 Tage danach traf der inzwischen in Dingelsdorf eingesetzte französische Ortskommandant Offizier Angst mit etwa 60-70 französischen Soldaten in unserem Dorf ein und nahm Beschlag vom Rathaus. Ich war damals als Landwirt gerade auf dem Feld, als ich durch Boten geholt wurde.
Als ich eintraf, waren bereits der Ortsgruppenleiter und die Hälfte meiner Gemeinderäte gefangen genommen und von französischen Soldaten mit aufgepflanzten Bajonetten bewacht. Ich dachte schon, daß mir das gleiche Schicksal blühe. Herr Angst hat mich zwar auch gehörig ins Verhör genommen; als er mich dann noch fragte, wie meine Beziehungen zum Ortsgruppenleiter waren und ich ihm erklärte, daß diese Beziehungen in der letzten Zeit keine guten waren und ich schon nahe daran war, in ein Konzentrationslager verbracht zu werden, sagte er, über diesen Punkt habe er schon bereits Erkundigungen eingezogen. Ich bleibe deshalb vorerst in meinem Amt und er hat mich dann noch ersucht, für die in Haft genommenen Gemeinderäte sofort andere Männer zu bestimmen.
So kam es, daß ich unter dem Schutz der französischen Besatzung meinen Dienst als Bürgermeister noch bis Oktober 1945 versehen konnte. Erst als ich noch den gesamten Gemeinderat neu ernannt hatte, habe ich dem damaligen Landrat Herrn Nordmann geschrieben, ich wolle nun auch von meinem Dienst entbunden werden. Gleich andern Tags hat mich dann Herr Landrat Nordmann aufgesucht und seine Verwunderung ausgesprochen, wieso es möglich wäre, daß ich als ehemaliger Parteigenosse noch bis heute im Amt als Bürgermeister wäre. Ich habe den Herrn Landrat entsprechend aufgeklärt und er hat dann sein Bedauern

ausgesprochen, daß es ihm an Hand der derzeitigen gesetzlichen Bestimmungen leider nicht möglich wäre, mich länger im Amt zu belassen. (...)"

Abschließend:
Die gefangengenommenen Gemeinderäte wurden nach einer kurzen Haftzeit im Dingelsdorfer Rathaus wieder entlassen.
Ortsgruppenleiter Bogenschütz (Jahrgang 1883) war längere Zeit in einem französischen Internierungslager im Schwarzwald unter sehr schlechten Bedingungen in Haft.
Er kam nach der Haftentlassung nicht mehr ins Dorf zurück; er zog mit seiner Ehefrau nach Kiechlinsbergen am Kaiserstuhl, deren Heimatort, wo beide auch ihre letzte Ruhestätte fanden.
Die von Hauptlehrer Bogenschütz gekaufte Familien-Grabstätte in der Friedhofskapelle blieb ungenutzt.
Die Kapelle wurde durch das Anbringen der Gedenktafeln für die Gefallenen der Gemeinde in den beiden Weltkriegen zur Krieger-Gedächtniskapelle.

1914
FUCHS ALBIN
HORNSTEIN HEINRICH
ROTH ALOIS
DEGGELMANN OTTO
OKLE JOHANN
SCHROFF JOSEF
ASSFAHL EDUARD
HERMANN STEFAN
ROTH BERNHARD
1915
HORNSTEIN RICHARD
HORNSTEIN EWALD
ASSFAHL ALEXANDER
HAMM JULIUS
KRAMER JOSEF
DEGGELMANN GEBHARD
WELTE ALOIS
ROMER JOHANN
HORNSTEIN ANTON
1916
ROMER ALOIS
FUCHS KONSTANTIN
SCHROFF GOTTFRIED

1916
HAMM STEFAN
SCHROFF KARL
1917
MESSMER ALBERT
SPÄTH JOHANN
HECKLER JAKOB
HAIDLAUF JOSEF
OKLE JULIUS
SCHROFF JOHANN
TRUMMER HERMANN
ROTH BLASIUS
BRAUNBARTH KARL
1918
FRITSCHI JOSEF
OKLE ERNST
BOSSART BERTHOLD
HECKLER EMIL
HECKLER KONRAD
OKLE KASIMIR
URNAU JOH. BAPT.
1919
MÜLLER WILHELM

1939
BOSSART JULIUS
1941
KAIBACH ANDREAS
OKLE PHILIPP
RIEDLE OTTO
1942
GIESS KONRAD
RIEDLE KONRAD
KEGEL KARL
1943
HORNSTEIN KONRAD
SPÄTH AUGUST
ROTH HERMANN
MESSMER HERBERT
ROMER JOSEF
FUCHS HEINRICH
KEGEL NORBERT
SCHIESS JULIUS
vermisst
WALDRAFF MATHÄUS
SPÄTH JOH.BAPT.
FUCHS ERNST
KEGEL EDWIN
DULLENKOPF JOSEF
1944
HECKLER KONRAD
OKLE KASIMIR
WALDRAFF FRIEDRICH
HERMANN STEFAN

1944
FUCHS BERTHOLD
RENNER AUGUST
BEIRER PAUL
DÜRR KURT
HAMM OSKAR
vermisst
HORNSTEIN HEINRICH
KAIBACH FRIDOLIN
SCHNOPP BERNHARD
1945
WALDRAFF HEINRICH
ROMER HEINRICH
SCHROFF HANS
FRITSCHI MARTIN
RIEDLE MAX
ASSFAHL ALOIS
HECKLER ALBERT
WALDRAFF JULIUS
HAMM OTTO
vermisst
SCHROFF JULIUS
OKLE FRITZ
VOGEL AUGUST
DULLENKOPF AUGUST
RINKENBURGER JOSEF
KELLER JOSEF
1946
WALDRAFF FRANZ

Die beiden Gedenktafeln in der Friedhofkapelle (Bild: Marina Mollenhauer)

Nachtrag:

Welche Gemeinderäte Bürgermeister Assfahl im Mai 1945 ernannte, ist nicht festgehalten.
Das erste Gemeinderatsprotokoll nach Kriegsende trägt das Datum 13. Januar 1946.

Von der französischen Militärverwaltung waren ernannt:
Bürgermeister Franz Demmler,
die Gemeinderäte Nikolaus Okle, Franz Dullenkopf, Jgnaz Schulter, Konrad Riedle, Josef Welte, Lambert Kramer.

Tagesordnungspunkte waren:

Verpflichtung der Gemeinderäte
Arbeitszuweisung an die verschiedenen Gemeinderäte
Neubesetzung des Ortsdienerpostens
Gemeindewegwartdienst
Unterstützung im Brandfall Georg Schroff.

~

Ein neues Kapitel auch in der Geschichte der Gemeinde Dettingen war aufgeschlagen.